区域装备制造业与生产性服务业融合效应提升机制研究

高文鞠　著

中国财经出版传媒集团

经济科学出版社

Economic Science Press

图书在版编目（CIP）数据

区域装备制造业与生产性服务业融合效应提升机制研
究/高文鞠著. -- 北京：经济科学出版社，2023.3
ISBN 978 - 7 - 5218 - 4610 - 2

Ⅰ.①区… Ⅱ.①高… Ⅲ.①装备制造业 – 产业发展
– 研究 – 中国②生产服务 – 服务业 – 产业发展 – 研究 – 中
国 Ⅳ.①F426.4②F726.9

中国国家版本馆 CIP 数据核字（2023）第 043275 号

责任编辑：李　雪
责任校对：刘　娅
责任印制：邱　天

区域装备制造业与生产性服务业融合效应提升机制研究
高文鞠　著
经济科学出版社出版、发行　新华书店经销
社址：北京市海淀区阜成路甲 28 号　邮编：100142
总编部电话：010 - 88191217　发行部电话：010 - 88191522
网址：www. esp. com. cn
电子邮箱：esp@ esp. com. cn
天猫网店：经济科学出版社旗舰店
网址：http://jjkxcbs. tmall. com
固安华明印业有限公司印装
710 × 1000　16 开　16 印张　220000 字
2023 年 3 月第 1 版　2023 年 3 月第 1 次印刷
ISBN 978 - 7 - 5218 - 4610 - 2　定价：82.00 元
（图书出现印装问题，本社负责调换。电话：010 - 88191545）
（版权所有　侵权必究　打击盗版　举报热线：010 - 88191661
QQ：2242791300　营销中心电话：010 - 88191537
电子邮箱：dbts@ esp. com. cn）

资助项目名称

［1］国家社会科学基金项目资助（22BJL117）

［2］黑龙江省哲学社会科学（青年）基金项目资助（22JYC331）

［3］新时代龙江优秀博士学位论文项目资助（LJYXL2022 –098）

［4］黑龙江省省属高等学校基本科研业务费项目资助（2022 – KYYWF –0566）

［5］黑龙江省高校人文社会科学重点研究基地项目资助（2021 – BSRC –04）

［6］黑龙江科技大学引进高层次人才科研启动基金项目资助（000009020329）

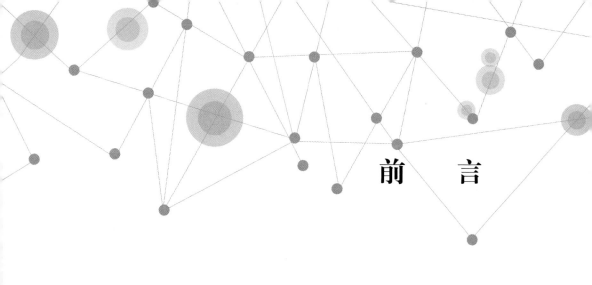

前　言

在全球制造业格局深刻调整的背景下，以信息技术和智能制造技术为特征的新一轮技术革命推进了以"制造＋服务"模式为主要特征的现代装备制造业发展进程。中国《"十四五"规划和2035年远景目标纲要》提出的"发展服务型制造新模式"和"服务制造业高质量发展导向"指明了装备制造业与生产性服务业融合的产业发展方向。目前，我国装备制造业与生产性服务业的融合效应在区域两大产业融合发展进程中逐步显现。但受限于资源禀赋、工业基础以及产业政策等因素，装备制造业与生产性服务业陷入融合效应水平低、区域离散性大以及融合效应实现动力不足等发展困境。因此，探究有哪些成熟的装备制造业与生产性服务业融合效应提升方式、方法可以遵循，构建一套完善的装备制造业与生产性服务业融合效应提升机制，已成为学界和业界共同亟待解决的问题。

本书揭示了区域装备制造业与生产性服务业融合效应演化机理，并对提升机制架构进行总体设计。在相关概念界定的基础上，分析区域装备制造业与生产性服务业融合系统要素、结构和功能；从融合自效应、融合溢出效应两个方面对区域装备制造业与生产性服务业融合效应进行分析，并揭示融合效应的多元性、动态性和系统性特征；从条件、动因与过程三个方面系统性揭示区域装备制造业与生产性服务业融合效应演化机理；综合运用扎根理论的质性研究方法确定区域装备制造业与生产性服务业融合效应演化要素，并以关键要素为基础，对其演化路径进行分析。在寻求区域装备制造业与生产性服务业融合效应最优演化路径的基础上，对其提升机制体系进行总体设计，得到由驱动机制、实现机制、调控机制构成的区域装备制造业与生产性服务业融合效应提升机制的完整架构，并分析三个子机制间的关系。

本书从机制分析、机制构建、机制运行三个方面对区域装备制造业与生产性服务业融合效应提升驱动机制、实现机制、调控机制进行详细设计。首先，揭示区域装备制造业与生产性服务业融合效应三种提升机制的内涵、特征与总体架构。其次，分别设计区域装备制造业与生产性服务业融合效应三种提升机制的构建过程，从动力驱动、动力传导与动力协同三个方面设计了区域装备制造业与生产性服务业融合效应提升驱动机制的构建过程；从战略协同、伙伴优化与价值整合三个方面设计了区域装备制造业与生产性服务业融合效应提升实现机制的构建过程；从评价、反馈与调节三个方面设计了区域装备制造业与生产性服务业融合效应提升调控机制的构建过程。最后，对区域装备制造业与生产性服务业融合效应三种提升机制的运行进行分析。在机制运行过程分析的基础上构建机制运行模型，并提出相应的机制运行管理策略。

本书对区域装备制造业与生产性服务业融合效应提升机制保障策略进行详细设计。驱动机制保障方面，提出重视企业家内在素质、引导市场需求升级、加大技术创新投入以及完善人才资源保障等策略；实现机制保障方面，提出培育和提高组织核心能力、建立良好的合作信任关系、重视有效的信息沟通交流以及完善信息化网络平台建设等策略；调控机制保障方面，提出建立风险监控预警系统、优化反馈信息传输体系以及完善融合网络治理体系等策略。

　　本书以黑龙江省为例，对区域装备制造业与生产性服务业融合效应提升机制进行应用分析。在揭示黑龙江省装备制造业与生产性服务业融合效应水平、提升机制现状的基础上，评价当前黑龙江省装备制造业与生产性服务业融合效应提升机制的运行效果，并有针对性地提出改善黑龙江省装备制造业与生产性服务业融合效应提升机制的对策建议，进而验证理论分析结论的科学性、研究方法的选择以及研究模型构建的可行性和有效性。

　　本书构建了研究体系科学、研究内容完整、研究方法得当的区域装备制造业与生产性服务业融合效应提升机制理论框架，在丰富和完善产业融合理论体系、拓展产业融合效应研究广度的基础上，实现了从效应反馈视角指导区域装备制造业与生产性服务业融合实践，对于突破区域装备制造业与生产性服务业融合发展困境，实现融合高质量、可持续发展具有重要意义。

目录
CONTENTS

第 1 章

绪　　论

1.1　研 究 背 景

全球金融危机后，制造业呈现"数字化、智能化、绿色化、再工业化"的发展趋势，以美国工业互联网战略、德国工业 4.0 战略为代表的新一轮工业革命在世界范围内蓄势待发。在当今全球经济格局不断变革的时代背景下，以先进技术、智能技术为代表核心的新一轮技术革命的蓬勃发展，为我国制造业的发展注入了全新动力。中国政府立足本国制造业发展实际，于《中国制造 2025》规划纲要中提出了"积极发展服务型制造和生产性服务业"，并在《发展服务型制造专项行动指南》中针对性地制定了诸如开展服务模式创新、制造效能提升等一系列的装备制造业发展思路。装备制造业作为我国现代化体系的关键环节，是实现制造业高质量发展的关键领域，[1] 更是保障我国国家竞争力提升、实现工业化建设的关键。[2] 因此，在新时代经济背景下，"制造强国"战略、"高质量发展"导向的重要使命之一是推进装备制造业高质量发展。[3]

当前，我国装备制造业正处于一个粗放式的发展阶段，主要表现

1

为在高端领域严重依赖发达国家，并被牢牢锁定于价值链底端。面对国际经济形势的纷繁变化，本国经济发展形势的客观要求以及国内区域经济发展水平不均衡的现实桎梏，加快实现装备制造业的转型升级，尤其是发展模式的转变，是我国增强实体经济发展后劲的必然要求。《中国制造 2025》规划纲要提出"发展现代制造服务业"的装备制造业发展思路指明了其与生产性服务业融合的产业发展方向，《中华人民共和国国民经济和社会发展第十四个五年规划和 2035 年远景目标纲要》的"发展服务型制造新模式"和"服务制造业高质量发展导向"推进了以"制造 + 服务"模式为主要特征的现代装备制造业发展进程。装备制造业与生产性服务业融合作为新型的产业创新模式，是加快区域高质量发展的希望和机遇所在，有助于不同区域依据自身优势构筑经济发展的新格局，拓展区域特色优势产业发展空间，对于实现区域可持续发展具有重要的战略意义。

伴随着信息技术的快速发展和市场需求特性的转变，区域装备制造业与生产性服务业融合发展正处于快速推进之中，融合发展效应逐步显现。[4] 然而，资源禀赋、工业基础以及产业政策等因素的差异化致使两大产业融合仍存在着一定的缺陷，主要表现为融合效应水平低、区域离散性大以及融合效应实现动力不足等。[5] 为了响应"十四五"期间实现"新成效、新步伐、新提高、新进步、新水平、新提升"的经济社会发展目标，对区域装备制造业与生产性服务业融合研究如果停留在惯性思维上，则研究结果必然存在偏颇，所以更应从区域装备制造业与生产性服务业融合效应这一反馈视角，在全面分析区域装备制造业与生产性服务业融合效应的基础上，揭示装备制造业与生产性服务业融合效应演化机理并厘清关键要素，探究成熟度较高的、借鉴意义较强的融合效应提升方式、方法，对于今后促进区域装备制造业与生产性服务业融合效应提升，解决装备制造业与生产性服务业现实融合困境，实现高质量、可持续发展具有重要的理论和现实意义。

1.2 研究目的与意义

1.2.1 研究目的

本书针对当前区域装备制造业与生产性服务业融合效应相关研究较少这一理论局限，以及区域装备制造业与生产性服务业迫切需要通过融合效应这一反馈视角突破发展困境的现实需求，揭示区域装备制造业与生产性服务业融合效应的演化机理，探究装备制造业与生产性服务业融合效应演化要素，并以关键要素为基础，对其演化路径进行分析。在寻求装备制造业与生产性服务业融合效应最优演化路径的基础上，设计区域装备制造业与生产性服务业融合效应提升机制及保障策略，进而指导区域装备制造业与生产性服务业融合效应提升实践。

1.2.2 研究意义

（1）研究的理论意义。

一方面，目前关于产业融合的研究聚焦融合机理揭示、融合路径构建、融合模式设计，以及融合影响因素提炼等内容，既体现当前产业融合研究成果的分布情况，又阐释研究内容的递进逻辑关系，但鲜有关于产业融合效应这一反馈视角的系统性研究。因此，本书是对产业融合理论基于效应反馈视角的丰富；另一方面，目前关于装备制造业与生产性服务业融合效应的研究大多从静态视角分析效应、测评质量，而本书是基于装备制造业与生产性服务业融合效应的动态视角，构建涵盖演化条件、演化动因、演化过程等内容的装备制造业与生产性服务业融合效应演化机理研究框架，既丰富和完善了装备制造业与生产性服务业融合理论体系，又拓展了装备制造业与生产性服务业融合效应的研究广度。

（2）研究的现实意义。

首先，本书系统性地揭示了区域装备制造业与生产性服务业融合效应的演化机理以及关键因素，并以此为依据对其演化路径进行分析。在寻求装备制造业与生产性服务业融合效应最优演化路径的基础上设计了两大产业融合效应提升机制的理论框架，是基于效应的反馈视角指导区域装备制造业与生产性服务业融合实践，对于突破装备制造业与生产性服务业融合发展困境具有重要现实意义；其次，当前我国区域装备制造业存在着发展不均衡、发展动力匮乏等现实桎梏。因此，本书以装备制造业与生产性服务业融合效应这一反馈视角为基础，有效增强装备制造业与生产性服务业的区域竞争力是响应"十四五"规划纲要中"坚持实施区域重大战略、区域协调发展战略"的重要举措；最后，本书拟对黑龙江省装备制造业与生产性服务业融合效应提升机制进行实证研究，对于保障黑龙江省装备制造业与生产性服务业在日益激烈的竞争环境中实现良性融合，促进黑龙江省经济、社会的协调与可持续发展具有重要的现实意义。

1.3　国内外研究现状及评述

本书以区域装备制造业与生产性服务业融合效应提升机制为研究对象，将相关的文献资料分类成以下三个方面：装备制造业与生产性服务业融合研究现状、装备制造业与生产性服务业融合效应研究现状以及装备制造业与生产性服务业融合效应提升研究现状。

1.3.1　装备制造业与生产性服务业融合研究现状

1.3.1.1　装备制造业与生产性服务业融合机理研究

国内外研究学者分别从融合动力、融合过程与融合影响因素等方面对装备制造业与生产性服务业融合机理进行揭示。融合动力方面，李孙阳等（Sun Sunny – Li，Chen Hao & Pleggenkuhle – Miles Erin G.，2010）认为影响装备制造业与生产性服务业融合过程的主要因素是环境因素。[6]王成东（2015）从效率视角对装备制造业与生产性服务业融合动因进行了驱动机理方面的进一步解释。[7]楚明钦（2016）则认为驱动装备制造业与生产性服务业得以实现融合的因素由技术进步、放松规制、价值链可分性以及相关需求四方面组成。[8]融合过程及影响因素方面，王成东等（2015）认为装备制造业与生产性服务业的自组织融合分为技术、产品、市场以及组织管理四个阶段。[9]拉尔夫·伊森曼和罗伯特·法尔（Ralf Isenmann & Robert Phaal，2017）为汽车零部件制造业融合设计了过程框架。[10]桂黄宝等（2017）研究认为，政府政策、企业创新能力、竞争力以及研发水平等影响装备制造业与生产性服务业融合水平，但影响水平存在参差不齐的状况。[11]此外，学者们对装备制造业与生产性服务业的融合效率[12]、融合水平[13]等问题进行了深入探究。

1.3.1.2 装备制造业与生产性服务业融合路径与模式研究

弗雷德里克·哈克林和马丁·沃林（Fredrik Hacklin & Martin W. Wallin，2013）的研究成果表明，装备制造业与生产性服务业融合价值得以实现的关键策略有四种，其中技术领先是最基本的策略，市场开拓者、商业模式重构者策略等是重要策略。[14]金娜美和李惠成等（Kim Namil，Lee Hyeokseong & Kim Wonjoon，2015）认为稳定的融合、稳定的独立、稳定的分化、演化的融合以及演化的分化是装备制造业与生产性服务业融合的五种模式。[15]阿耶莎·马尔霍特拉和奥雷克谢·奥西耶夫斯基（Ayesha Malhotra & Oleksiy Osiyevskyy，2015）研究认为，装备制造业与生产性服务业融合存在多种驱动力，其中技术和市场这两种驱动力的驱动程度是最大的。[16]金永贞和金文顺等（Youngjung Geum，Moon – soon Kim & Sungjoo Lee，2016）的研究成果证实装备制造业与生产性服务业融合模式主要包括技术增强型、政策驱动环境增强型、服务融合商业模式主导型、技术驱动新价值创造型四种。[17]段海燕等（2017）对装备制造与生产性服务业融合类型及发展路径进行研究，得出基于"互联网＋"的以装备制造业为核心的融合发展路径、基于"互联网＋"的以生产性服务业为核心的融合发展路径和以互联网企业为核心的融合发展路径。[18]

1.3.2 装备制造业与生产性服务业融合效应研究现状

1.3.2.1 产业融合效应研究

产业融合概念最早出现于技术研究领域。夏恩·格林斯坦和卡纳（Shane Greenstein & Khanna，1997）等将产业融合界定为适应产业增长而发生的产业边界收缩或消失的现象，[19]并指出产业融合改变了原有产业企业之间的竞合关系，从而导致产业界限的模糊化，甚至于重划产业界限。产业融合进程的不断推进会对经济增长[20]、产业组织、企业战略等方面产生日益深刻的影响。[21]

（1）产业融合激发产业创新。

尼德加塞尔·布鲁瑟和库鲁安·斯德（Niedergassel Bücher & Curran Stend，2007）认为产业融合具有成本降低、效率提高、创新强化等经济效应。[22]弗雷德里克·哈克林和瓦伦蒂娜·劳里奇（Fredrik Hacklin，2008；Fredrik Hacklin & Valentina Raurich，2010）研究认为新技术作为产业融合的重要内生驱动力之一，其创新性地使用可以激发产业结构突破性的创新进展，[23]并且技术融合会引发跨越式的管理创新。[24]李敏等（2010）认为物流产业融合有利于物流市场消费需求层次提升、物流产业创新与优化升级、物流企业的合理竞争与协作、物流组织结构创新、区域物流合理化发展。[25]肖叶飞等（2014）认为传媒产业融合引发产业协同竞争、结构优化与创新效应。[26]李名亮（2017）认为广告产业融合促进服务价值的跨越式发展。[27]高智等（2019）研究认为与高技术服务业融合发展可通过创新效应、制度效应、配置效应和协同效应四大机制提升装备制造业创新效率。[28]

（2）产业融合促进产业绩效水平提升。

阿方索·甘巴尔代拉和萨尔瓦托·托里西（Alfonso Gambardella & Salvatore Torrisi，1998）运用 32 家美国和欧洲最大的电子企业的专利数据进行应用分析，结果表明企业绩效与技术融合呈明显的正相关关系。[29]拉吉夫·办科和张希辉等（Rajiv D. Banker & His – Hui Chang，1998）阐述了产业融合对经济绩效影响等理论，研究认为产业融合有利于减少企业成本，改善产业绩效，提升产业竞争力。[30]肖挺等（2013）研究发现服务业制造化和信息业融合显著提升产业绩效。[31]田红彬（2018）研究表明产业融合通过提高产业平均利率为产业提供一些增值服务以影响产业绩效，获得复合经济效应。[32]高智等（2019）认为装备制造业与高技术服务业融合发展主要通过制度变革和技术变革双重机制促进装备制造业全要素生产率的提升。[33]

（3）产业融合促进产业结构升级。

陈柳钦（2007）研究认为，产业融合能够加速推进产业升级发展、促进经济水平显著增长。[34]吴义杰（2010）研究表明江苏省信息产业结构的优化升级、发展方式的转变得益于产业融合理论。[35]相哲和允熙（Sang Cheol & Youn – Hee，2014）对韩国信息产业与五大核心传统产业融合的情况进行研究，结果表明信息产业与传统产业融合有助于提升韩国传统产业的竞争力，加快产业升级。[36]赵珏等（2015）系统地分析了产业融合对产业发展、产业组织、产业结构的影响机制和路径，研究表明产业融合引导产业结构升级并形成柔性化的产业结构。[37]陶长琪等（2015）依据信息产业与制造业间的耦联对我国产业结构优化升级的空间效应展开定量研究，并以此量化产业融合对产业结构优化升级的影响和细化产业耦联对产业结构优化升级的作用机理及作用力度。[38]陈才源等（2015）基于大数据和环保节能视角，不断拓宽产业融合理论的应用范围，探寻了中国汽车零部件产业升级路径中产业融合理论的应用。[39]

1.3.2.2 制造业与生产性服务业融合效应研究

学界主要从以下两方面进行研究：

（1）制造业与生产性服务业融合促进制造业发展。

国内外学者主要通过制造业与生产性服务业融合带来的产业绩效提升效应、产业结构升级效应以及价值链攀升效应等方面来分析融合给制造业带来的经济发展优势。[40]詹姆斯·田（James M. Tien，2011）研究认为新的生产制造方式能够促进"服务 + 制造"进程，"服务产品"的出现创造了制造业的经济优势。[41]埃斯瓦兰·穆克什和科特瓦尔·阿肖克（Eswaran Mukesh & Kotwal Ashok，2002）研究发现服务业与制造业融合发展是通过制造业中间服务投入实现的，这种融合发展在一定程度上能够促进制造业产业绩效水平提升。[42]刘明宇等（2010）研究发现生产性服务业与制造业融合能够使双方形成良好的合作、信任关系，进而取得经济绩效提升效应。[43]艾贾·莱波宁（Aija Leiponen，2012）研究认为，芬兰制造业与服务业的研发效率差异加快了服务业对制造业的研发介入，推进了芬兰制造业升级。[44]周静（2014）研究发现，制造业与生产性服务业不同发展阶段的融合推进了制造业经济发展、产业升级，产生的产业关联效应、技术溢出效应与辐射效应迥异。[45]刘洁（2015）、沈蕾等（2015）研究发现技术融合对制造业结构向高级化转型升级具有显著促进作用。[46][47]尹洪涛（2015）研究发现，经济的快速发展、产业结构的优化升级会加快制造业与生产性服务业融合进程，促进制造业结构向高级化、高端化发展。[48]苏永伟（2020）研究认为，制造业与生产性服务业融合发展局面的形成是两大产业升级的重要趋势，也是构建现代产业体系的主要标志。[49]拉惹拉西亚和维南奇拉奇等（Rajah Rasiah &

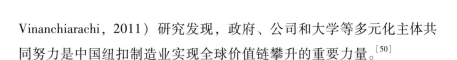

Vinanchiarachi，2011）研究发现，政府、公司和大学等多元化主体共同努力是中国纽扣制造业实现全球价值链攀升的重要力量。[50]

（2）生产性服务业分行业与制造业融合效应。

对于生产性服务业分行业与制造业融合效应的研究，国内外学者主要通过实证分析手段进行。查赫斯·霍夫曼和斯皮格·圣奥（Cha-hess Hofmann & Sperger Orr，2005）研究认为正确的先进信息技术投资决策及其与制造业的融合能为制造业带来不错的收益。[51]博帕纳·乔达里（Boppana V. Chowdary，2005）研究发现信息系统将信息技术应用到制造业可以有效整合制造流程供应链的各个环节，节约时间和原材料成本。[52]这一结论是后续信息产业与制造业融合效应研究的重要参照基础。徐盈之等（2009）通过应用分析发现中国制造业的产业绩效与信息产业的融合度呈正相关关系，信息产业与制造业融合能提高传统制造业竞争力。[53]单元媛等（2013）以电子信息业与制造业技术融合为例，运用灰色关联系数法分析了技术融合与产业结构优化升级的关联关系。[54]汪芳等（2015）研究表明中国信息产业与制造业融合度与制造业产业绩效间存在负相关关系，其原因是中国低水平的信息化导致产业融合对产业绩效的提升作用存在一定的滞后性。[55]张捷等（2016）通过应用分析得到制造业和三大生产性服务业的正向融合与反向融合对制造业产业绩效提升均有正向影响。[56]李晓忠等（2017）构建了基于 SCP 分析框架的产业融合对产业绩效影响模型，从横向和纵向两个层面比较分析了浙江省信息产业与制造业各行业融合度及产业融合对制造业各行业绩效的影响效应。[57]

1.3.2.3　装备制造业与生产性服务业融合效应研究

学术界关于装备制造业与生产性服务业融合效应的研究主要围绕具体效应的理论分析和评价分析两条主线，研究成果为完善装备制造业与生产性服务业融合效应理论体系和发展实践做出了积极贡献。

（1）装备制造业与生产性服务业融合的产业创新效应。

在研究装备制造业与生产性服务业间的产业创新效应方面的已有成果中，艾达·格雷姆和尼娜·斯波尔格等（Ida Gremyr & Nina Löfberg et al.，2010）、李孙阳和韩晨等（Sun Sunny Li & Chen Han et al.，2010）研究发现，装备制造业与生产性服务业融合有利于促进装备制造企业创新升级。[58][59]綦良群等（2013）研究认为装备制造业与生产性服务业融合能够为装备制造业带来一系列的优化创新和结构升级效应。[60]綦良群等（2016）实证研究了装备制造业与生产性服务业的融合影响因素，他们认为装备制造业与生产性服务业融合推动装备制造业向全球价值链高端攀升。[61]惠利等（2019）认为装备制造业对生产性服务业（尤其是科学研究和技术服务及金融服务）的产业融合需求成为影响其向产业链高端跃迁的重要因素。[62]姜博等（2019）从理论和实证两个方面探讨了产业融合对中国装备制造业创新效率的影响，以及网络中心性、网络异质性对二者关系的调节作用。[63]

（2）装备制造业与生产性服务业融合的产业绩效提升效应。

在研究装备制造业与生产性服务业间的产业绩效提升效应方面的已有成果中，卓尼·尤尔和金贤秀等（Jone Yeoul & Hyunsoo Kim et al.，2016）研究发现，装备制造业与生产性服务业的螺旋式增长是研究装备制造业与生产性服务业融合的基础，装备制造业与生产性服务业融合对装备制造业与生产性服务业产业增长具有促进作用。[64]牛竹梅等（2021）基于产业融合的相关理论，利用投入产出法测算出山东及全国"互联网＋"装备制造业各行业的融合度，进而构建装备制造经济系统基于 SCP 分析框架的模型以估算产业融合对产业绩效的影响效应。[65]王成东等（2022）研究认为，中国高端装备制造业与生产性服务业融合可以有效打破既有两大产业边界，通过资源内化方式降低装备制造业资源的获取和使用成本，促进产业 GVC 提升和绩效水平增长。[66]

（3）装备制造业与生产性服务业融合的产业竞争力提升效应。

在研究装备制造业与生产性服务业间的产业竞争力提升效应方面

的已有成果中，索莱·马尼（Solei Mani，2012）、马尔科·派奥拉和博·爱德华松等（Marco Paiola & Bo Edvardsson et al.，2012）学者的研究结论证实，装备制造业与生产性服务业间的融合能够使装备制造业业务范围扩大、装备制造业的竞争力也会显著提高，[67]并能够获取更大的利益。[68]王成东（2014）研究发现，装备制造业与生产性服务业融合能够有效改善市场中知识型和技能型劳动者的比重，并减少知识性劳动失业问题的发生概率。[4]刘洁等（2015）采用社会网络分析法，实证测度了不同行业中装备制造业与生产性服务业融合发展的差异性，研究发现行业差异既引发融合程度差异，又带来了不同的产业融合效应。[69]傅为忠等（2017）基于工业 4.0 时代，在建立耦联评价模型对中国高技术服务业与装备制造业的产业融合度进行测度的基础上，进一步对两大产业融合的效应进行分析和评价。[70]

1.3.3　装备制造业与生产性服务业融合效应提升研究现状

1.3.3.1　装备制造业与生产性服务业融合效应提升机制

依据国内外学者研究成果总结发现，基于服务业推动制造业的增长理论，促进生产性服务业发展成为提升两大产业融合效应研究的一个重要方面。并且，信息化时代的到来进一步加快了装备制造业产业转型升级，促进了装备制造业与生产性服务业融合效率的强化。此外，装备制造业与生产性服务业的融合模式引致的技术创新会间接促进装备制造业与生产性服务业融合效应水平的提升。

刘朝阳（2017）研究认为生产性服务业的发展通过降低制造业的管理成本和交易成本提高制造业效率，大力发展新型生产性服务业可以助力中国装备制造业转型升级，全面提升装备制造业效率。[71]侯兆麟（2017）基于区域视角研究生产性服务业对装备制造业升级的影响，结果表明生产性服务业已经成为装备制造业结构调整、优化升级的强有力助推器。[72]孙韬等（2011）分析了信息化管理在装备制造业转型升级中的作用，研究表明信息化管理是带动装备制造业升级的推动力，是实现国民经济信息化的重要条件；[73]加西亚·梅洛和弗伯·琼凯拉等（Garcia Melo & Fábio Junqueira et al.，2010）研究发现，装备制造业与服务业融合发展模式的模块化、协同化特征，有利于促进装备制造业绩效和产业升级。[74]安德烈·耶尔戈维奇等（Andrej Jergovic et al.，2011）研究表明坚持将制造业与生产性服务业组织变革和产品核心价值增值作为提升制造业与生产性服务业融合效应的基础性建设。[75]格鲍尔·霍策尔和阿库·瓦尔塔科斯基等（Heiko Gebauer & Aku Valtakoski et al.，2012）以通用、大众等装备制造业企业为例进行研究，分析发现服务战略等是装备制造业与生产性服务业融合发展的重要模式，具有显著的融合发展效应。[76]瓦莱丽·马蒂厄（Valérie Mathieu，2001）和维斯吉奇·卡斯塔利等（Visnjic Kastalli et al.，2013）研究发现，装备制造业与生产性服务业融合模式能够建立良好的客户关系，有利于市场对产品形成积极认知。[77][78]马西米利亚诺·马赞蒂和朱利奥·卡奈利（Giulio Cainelli & Massimiliano Mazzanti，2013）通过调查问卷形式进行数据收集，研究发现装备制造业与生产性服务业融合模式显著影响环境创新。[79]金元俊和郭基霍（Kiho Kwak & Wonjoon Kim，2016）分析生产性服务业与装备制造业融合模式同装备制造企业绩效提升之间的关系，研究表明两大产业融合对产业绩效提升结果充满争议；[80]王越等（2011）研究认为组建技术创新联盟是发展高端装备制造业的有效途径，是促进生产性服务业与装备制造业融合效应提升的重要保障。[81]冯杰林和林怡欣（Feng－Jyh Lin & Yi－Hsin Lin，2012）研究发现，企业规模和行业竞争水平影响装备制造业与生产性服务业研发联盟，研发联盟能够显著促进其融合效应提升。[82]綦良群等（2017）研究发现装备制造业与生产性服务业融合系统的技术创新直接推动系统运行，技术创新和研发可以通过减少装备制造业与生产性服务业的沟通和生产成本促进其产业竞争力的提升。[83]

1.3.3.2 装备制造业与生产性服务业融合效应提升对策

格鲍尔·霍策尔和博·爱德华松等（Gebauer Hötzel & Bo Edvardsson et al.，2010）以装备制造企业 Kone 和 IBM 为例进行研究，研究发现服务业务在装备制造企业中的重要性逐渐提高，并提出了促进装备制造业与生产性服务业融合发展及融合结果提升的对策。[84]张维今等（2015）结合国内外对装备制造业与生产性服务业融合方面大量的研究成果，对装备制造业与生产性服务业的实际融合效率展开实证，并提出以均衡发展推动产业融合效应的提升。[85]黄赛等（2015）根据全国及长三角经济区的投入产出数据，对创意产业与制造业的融合度、影响力与感应度、生产诱发程度等进行比较分析。研究表明加强创意产业与制造环节的融合程度能够提升制造业转型升级效应。[86]唐晓华（2016）结合中国投入产出表及相关统计数据，从行业异质性视角对装备制造业与生产性服务业细分行业的融合程度进行测度，分析其总体变动态势并提出促进产业升级的相关政策。[87]

1.3.4 国内外研究现状评述

国内外学者在装备制造业与生产性服务业融合机理、装备制造业与生产性服务业融合效应以及装备制造业与生产性服务业融合效应提升对策等方面取得了较多的研究成果，这些研究成果为本书的相关研究奠定了深厚的理论基础。整体上，区域装备制造业与生产性服务业融合效应提升的研究尚处于起步阶段，尤其是基于区域视角对装备制造业与生产性服务业融合效应演化机理的揭示，以及对两大产业融合效应提升机制的设计等方面还有较大的研究空间。

通过对"装备制造业与生产性服务业融合研究"成果的分析可知，国内外学者对装备制造业与生产性服务业融合问题的研究成果主要集中在动因、过程、影响因素、模式和路径等五个方面，而鲜有文献从装备制造业与生产性服务业融合效应的反馈视角揭示装备制造业与生产性服务业融合机理。研究结果表明，在装备制造业与生产性服务业之间的良性互动机制下，装备制造业与生产性服务业的利益逐渐统一，产业融合趋势日趋明显，产业融合效应逐渐显现。因此，区域装备制造业与生产性服务业融合效应的研究已成为我国区域经济研究领域的重点研究课题。

通过对"装备制造业与生产性服务业融合效应研究"成果的分析可知，目前装备制造业与生产性服务业的融合效应研究成果大多分析某一特定融合效应的形成过程和融合效应的作用机理，以及以具体问题为导向的融合效应作用模型、方法和策略，而未能基于区域装备制造业与生产性服务业融合系统的视角，全面阐释装备制造业与生产性服务业融合效应体系。并且，现有研究成果多关注装备制造业与生产性服务业融合效应的静态分析，而未能基于动态视角对装备制造业与生产性服务业融合效应的演化机理进行揭示。因此，有必要全面探究装备制造业与生产性服务业融合效应。

通过对"装备制造业与生产性服务业融合效应提升研究"成果的分析可知，国内外学者主要从提高装备制造业发展水平、完善生产性服务业以及构建装备制造业与生产性服务业融合模式、技术创新等方面，探讨装备制造业与生产性服务业融合效应提升机制与对策，缺乏具有针对性、全面性的融合效应提升机制设计，致使装备制造业与生产性服务业融合效应提升机制的研究缺少系统性、科学性。可见，装备制造业与生产性服务业融合效应提升问题依然是一个有待拓展的研究领域，具有较高的学术和应用价值。

综上所述，探究有哪些成熟的装备制造业与生产性服务业融合效应提升方式、方法可以遵循，构建一套完善的装备制造业与生产性服务业融合效应提升机制，是对产业融合理论、效应理论的有益补充，对于指导如何具体实践区域装备制造业与生产性服务业融合效应提升，如何具体促进区域装备制造业与生产性服务业融合实现高质量发展，具有重要的理论意义和现实意义。

1.4 研究内容与方法

1.4.1 研究内容

本书的研究内容主要包括以下几个方面：

（1）区域装备制造业与生产性服务业融合效应演化机理及提升机制总体设计。

在相关概念界定的基础上，分析了装备制造业与生产性服务业融合系统要素、结构和功能；从融合自效应、融合溢出效应两个方面对装备制造业与生产性服务业融合效应进行分析，并揭示融合效应的多元性、动态性和系统性特征；系统性地揭示装备制造业与生产性服务业融合效应演化机理中的条件、动因以及详细过程；综合运用扎根理论的质性研究方法确定装备制造业与生产性服务业融合效应演化要素，并以关键要素为基础，对其演化路径进行分析。在寻求装备制造业与生产性服务业融合效应最优演化路径的基础上，对其提升机制进行总体设计，得到由驱动机制、实现机制、调控机制构成的区域装备制造业与生产性服务业融合效应提升机制的完整架构，并对三个子机制间的关系进行分析。

（2）区域装备制造业与生产性服务业融合效应提升驱动机制研究。

首先，分析装备制造业与生产性服务业融合效应提升驱动机制的内涵、特征与总体架构；其次，设计装备制造业与生产性服务业融合效应提升驱动机制的构建过程。在分析装备制造业与生产性服务业融合效应提升内生驱动力与外源驱动力作用的基础上，提出相关动力理论假设并验证，揭示装备制造业与生产性服务业融合效应提升的驱动力作用机制。从外源性动力嵌入阶段、内生—外源性动力聚合阶段和内生—外源合力协同作用阶段对装备制造业与生产性服务业融合效应提升驱动力的传导过程进行剖析，分析装备制造业与生产性服务业融合效应提升驱动力传导路径并构建驱动力传导模型。在剖析装备制造业与生产性服务业融合效应提升动力协同主导要素的基础上，依据企业与政府两个主导动力的演化博弈构建装备制造业与生产性服务业融合效应提升动力协同作用模型；最后，对装备制造业与生产性服务业融合效应提升驱动机制的运行进行分析。在分析驱动机制运行过程的基础上，构建相应的驱动机制运行模型，并提出相应的驱动机制运行管理策略。

（3）区域装备制造业与生产性服务业融合效应提升实现机制研究。

首先，分析装备制造业与生产性服务业融合效应提升实现机制的内涵、特征与总体架构；其次，设计装备制造业与生产性服务业融合效应提升实现机制的构建过程。基于共赢的价值观，融合组织网络核心层的装备制造业与生产性服务业，通过形成、实施并控制装备制造业与生产性服务业融合效应提升的协同战略，引领实现装备制造业与生产性服务业融合效应提升的战略方向。在战略协同的基础上，分别从伙伴选择、伙伴关系与伙伴结构三个方面对处于融合组织网络支持层的融合效应提升合作伙伴进行优化。在装备制造业与生产性服务业融合效应提升战略协同、伙伴优化的基础上，定期盘点两大融合效应提升价值要素，定位关键价值优势，识别价值要素缺口，选择适宜的途径获取价值职能，深化装备制造业与生产性服务业融合效应；最后，对装备制造业与生产性服务业融合效应提升实现机制的运行进行分析。在分析实现机制运行过程的基础上，构建相应的实现机制运行模型，并提出相应的实现机制运行管理策略。

（4）区域装备制造业与生产性服务业融合效应提升调控机制研究。

首先，分析装备制造业与生产性服务业融合效应提升调控机制的内涵、特征与总体架构；其次，设计装备制造业与生产性服务业融合效应提升调控机制的构建过程。评价装备制造业与生产性服务业融合效应提升水平、预判装备制造业与生产性服务业融合效应提升状态，全面掌握装备制造业与生产性服务业融合效应提升态势，为调控奠定信息基础。在此基础上，分析装备制造业与生产性服务业融合效应提升反馈过程，并对装备制造业与生产性服务业融合效应提升反馈路径进行设计，为下一步的调节提供理论依据。分析装备制造业与生产性服务业融合效应提升调节要素，设计装备制造业与生产性服务业融合效应提升调节方案，并依据装备制造业与生产性服务业融合效应提升的评价与反馈结果，针对现有提升的不足和优、劣势因素实施调节控制；最后，对装备制造业与生产性服务业融合效应提升调控机制的运行进行分析。在分析调控机制运行过程的基础上，构建相应的调控机制运行模型，并提出相应的调控机制运行管理策略。

（5）区域装备制造业与生产性服务业融合效应提升机制保障策略研究。

依据区域装备制造业与生产性服务业融合效应提升驱动机制、融合效应提升实现机制与融合效应提升调控机制的研究成果，对装备制造业与生产性服务业融合效应提升机制保障策略进行系统性设计，为保障装备制造业与生产性服务业融合效应提升机制的有效运行提供指导建议。驱动机制保障方面，提出重视企业家内在素质、引导市场需求升级和加大技术创新投入等策略；实现机制保障方面，提出培育和提高组织核心能力、建立良好的合作信任关系、重视有效的信息沟通交流以及完善信息化网络平台建设等策略；调控机制保障方面，提出建立风险监控预警系统、优化反馈信息传输体系以及完善融合网络治理体系等策略。

（6）黑龙江省装备制造业与生产性服务业融合效应提升机制研究。

基于本书的研究目标和内容，以黑龙江省行政区域内装备制造业与生产性服务业为研究对象，基于装备制造业与生产性服务业融合效应提升机制进行针对性的应用研究。在揭示黑龙江省装备制造业与生产性服务业融合效应提升水平、提升机制现状的基础上，评价当前黑龙江省装备制造业与生产性服务业融合效应提升机制运行效果，并有针对性地提出优化策略。

1.4.2 研究方法

本书在产业融合理论的支撑下，综合运用多种理论与方法，对区域装备制造业与生产性服务业融合效应提升机制进行系统研究，具体研究方法如下：

（1）基于文献分析法对关键概念进行界定；基于产业融合理论分析装备制造业与生产性服务业融合效应；基于尖点突变模型对装备制造业与生产性服务业融合效应演化过程进行隐喻分析；运用扎根理论、归纳演绎方法确定装备制造业与生产性服务业融合效应演化关键要素。

（2）基于结构方程理论模型确定装备制造业与生产性服务业融合效应提升驱动力作用效果；利用社会网络分析法剖析装备制造业与生产性服务业融合效应提升主导动力源；基于协同学理论、数学建模及仿真分析法构建装备制造业与生产性服务业融合效应提升动力协同运行模型。

（3）基于价值增值理论剖析装备制造业与生产性服务业融合效应提升价值整合过程；利用价值分析方法确定各价值活动的优化安排及组合，并基于云计算理论、多层次匹配算法进行机制匹配。

（4）结合菲什拜因—罗森伯格模型和熵值法对装备制造业与生产性服务业融合效应提升水平进行综合评价；基于集对分析理论、状态转移矩阵组合评价模型对装备制造业与生产性服务业融合效应提升状态进行动态监测。

（5）选取 SFA 法作为驱动机制、实现机制、调控机制对装备制造业与生产性服务业融合效应提升作用的评价方法，采用柯布—道格拉斯生产函数构建装备制造业与生产性服务业融合效应提升反馈模型；综合运用制度理论、控制论等理论及其方法，分析并构建两大产业融合效应提升机制保障策略体系。

1.4.3 技术路线

本书技术路线如图 1 – 1 所示。

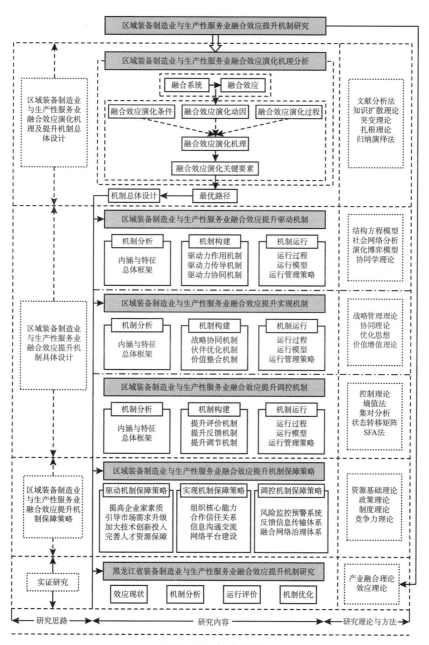

图 1-1 技术路线

第 2 章

区域装备制造业与生产性服务业融合效应演化机理及提升机制总体设计

深入探究区域装备制造业与生产性服务业融合效应演化机理是构建两大产业融合效应提升机制的基础。本章在厘清关键概念的基础上，揭示区域装备制造业与生产性服务业融合效应演化机理，并对装备制造业与生产性服务业融合效应提升机制体系进行总体设计，为下文提升机制的具体设计奠定基础。

2.1 相关概念界定

2.1.1 装备制造业与生产性服务业

装备制造业与生产性服务业作为产业研究的重要对象，政府机构、行业协会及相关学者不仅对其内涵进行了多角度的针对性界定，而且对其特征进行了系统揭示。本书在研究过程中遵循国家标准对装备制造业与生产性服务业进行内涵界定，并在此基础上对其特征进行分析。

2.1.1.1　装备制造业

基于国标 GB/T4754－2017，将装备制造业界定为 C33 到 C40 八个大类。与制造业等国民经济体系中的其他产业相比，装备制造业具有如下特征：（1）战略地位突出。装备制造业作为工业基础与核心，是事关国家经济安全、综合国力的战略性产业，能够为国家各行各业提供生产必需的技术装备和重要零部件，在经济体系中占据突出的战略地位[88]；（2）产业关联度高。装备制造业发展需要大量关联配套产业提供支持，如生产性服务业等，因此与其他制造业行业相比，装备制造业产业关联度高，且带动效应明显；（3）附加值高。装备制造业具备技术、知识和资本密集型产业特征，其高质量发展需要持续注入充足的人力、资金、技术和知识等高附加值产业资源；（4）溢出效应强。装备制造业通过技术创新，促使生产要素向科技含量高、效益好的部门聚集，极大地推动了其他产业的技术创新和技术进步，具有极强的溢出效应。

2.1.1.2　生产性服务业

根据国标 GB/T 4754－2017 的相关规定，将生产性服务业界定为包括 G、I、J、L、M 五大类产业。生产性服务业与其他服务业相比具有自身典型的产业特征：（1）知识资本密集性。生产性服务业所提供的研发、金融、营销、管理等服务蕴含大量的技术知识，在生产性服务业向其他产业提供中间投入的过程中会传递大量技术知识并植入产品之中；（2）中间性。生产性服务业作为中间投入，并不直接面向个体消费者，而是为其他产业提供中间投入的产业，并通过不断提高中间投入服务的多样性、强度以及质量使其所服务的产业生产出更具竞争力、质量更好的产品；（3）空间集聚性。为了更好地服务相关产业，生产性服务业呈现出明显的空间集聚特征，主要集中在所服务产业周边或是核心城市，既可以凭借地理邻近优势为相邻产业提供生产性服务，又可以在全球范围内中心城市集聚并不断扩散至全国甚至全球范围；（4）产业关联性。从我国目前情况来看，生产性服务业各行业对于相关产业的前向关联和后向关联都较为明显，其中生产性租赁服务、商务服务及其他技术服务的前后向带动作用较强，货物运输仓储和邮政快递服务、批发经纪代理业务及金融服务等具有较为明显的前向带动作用；（5）异质性。生产性服务业所能提供的定制服务发展空间很大，例如为制造企业设计客户交互平台、设计针对生产过程的金融服务，等等，生产性服务业的异质性能够在市场竞争中充分发挥自身优势，增强其竞争优势。

综上所述，装备制造业具有区别于其他制造业行业的战略地位突出、产业关联度高、价值链模块化等特征，而生产性服务业均是中间投入型产业，且具有技术知识密集和产业关联性强等显著特征，对润滑、服务和促进关联产业的发展具有重要意义。由此可见，相比于其他制造业行业和一般性服务业，装备制造业与生产性服务业的融合程度更深、融合效应更强。

2.1.2 装备制造业与生产性服务业融合

2.1.2.1 装备制造业与生产性服务业融合内涵

从装备制造业与生产性服务业的发展实践来看，两大产业之间既非简单的因果关系，又非一方"拉动"抑或"推动"另一方发展的关系，二者之间的关系主要表现为在关联演进进程中的相互依赖与协同发展。因而本书认为，装备制造业与生产性服务业的融合是其产业边界发生松动、模糊与交互，进而形成兼具装备制造业与生产性服务业原有特征的新兴业态的过程。在装备制造业与生产性服务业融合的进程中，装备制造业与生产性服务业均发生优胜劣汰而非行业消亡，装备制造业与生产性服务业在产业附加值、价值要素流动等关键环节得以衔接、延伸与创新，并逐步拓展生产性服务业的细分门类，诸如近年来我国大力倡导的制造服务业。

从装备制造业与生产性服务业中的企业行为来看，产业融合就是装备制造业与生产性服务业中的企业在市场竞争、发展需求等诸多因素的综合作用下，通过企业间的资源整合与全方位合作，打破企业壁垒，进而形成企业联合体的一种新型合作形式的宏观表现。

2.1.2.2 装备制造业与生产性服务业融合性质

装备制造业为了构建自身显著的比较优势，通常会依据自身制造环节的优势，探索非制造环节增值的可能性。生产性服务业掌握的诸多信息往往范围更广阔，且通常能掌握到装备制造业产品终端用户的各类使用信息、业界评价信息。如何使用好彼此掌握关键环节的异质性信息，并在业务范畴、培训范畴等诸多范围内实现资源的整合、风险的应对，显得尤为重要。装备制造企业通常尝试"服务化转型"，而生产性服务企业尝试探索"制造化转型"，衍生至产业层面就是两大产业的互动融合。在装备制造业与生产性服务业融合发展过程中，出于对资源配置效率、潜在风险的顾虑，两大产业通常会坚持"就近原则"，在相邻区域探索两大产业间各企业在所有权、组织形式、产品类目等多方面开展互动融合，进而在区域内保持一定的比较优势，逐步增进企业自身的学习创新能力，不断向外拓展吸收更大范围内的两大产业的优质资源，以期实现更大区域范围内的两大产业融合。

2.1.3 装备制造业与生产性服务业融合效应

区域装备制造业与生产性服务业的融合涉及了两个主体：装备制造业和生产性服务业。装备制造业与生产性服务业的融合是一个双向嵌入、协同、交融的过程，有装备制造业服务化和生产性服务业制造化（服务衍生制造）两大方面。其中，装备制造业服务化又可以分为投入服务化和产出服务化。[89]因此，区域装备制造业与生产性服务业融合效应是基于这样的研究框架来展开的，有助于从反馈机制视角探索促进装备制造业与生产性服务业融合健康发展之路。

以装备制造业与生产性服务业融合内涵为基础，结合两大产业融合发展实践，将区域装备制造业与生产性服务业融合效应内涵界定为装备制造业与生产性服务业融合活动对融合系统内外要素作用所形成的融合经济与融合不经济综合效果。为了研究更具意义，区域装备制造业与生产性服务业融合效应主要强调两大产业融合的正向效应，即产业融合对两大产业的促进作用大于两大产业非融合状态下的效应之和。与之相对应，装备制造业与生产性服务业融合的不经济效应是指两大产业在融合进程中所产生的产业融合作用不及两大产业各自独立作用的效应，本书将其归为装备制造业与生产性服务业融合现象。

区域装备制造业与生产性服务业融合不经济效应的产生原因主要有两个方面：一是装备制造业与生产性服务业的融合是"伪"融合，只是要素的物理性集聚而非融合系统要素间的内在联系，无法保证融合要素的聚集和融合要素间的非线性作用。已有经济学研究表明，产业规模必然要达到特定阈值才能够迈进高质量发展阶段，产业没有规模就无法实现规模经济。同理，产业融合的规模达不到特定阈值也就必然无法保证产业融合效应的质量。因此，产业间融合发展进程中必须要保证融合要素的内在联系和非线性作用得以有序、有质、有量的发生；二是区域装备制造业与生产性服务业融合的环境与融合目标的匹配度偏低，融合要素流动的制约阻碍过于纷繁。两大产业融合应该在适宜的内外部环境交互作用下实现的，环境条件的缺失通常伴随着不经济现象的必然发生。

值得注意的是，装备制造业与生产性服务业融合效应并非静态结果，而是一个不断演进的动态过程。装备制造业相较于一般制造业，产品制造周期更长、生产工艺更为复杂、资金流动风险更强，经济环境、技术环境、组织环境等诸多类型环境的匮乏都将影响装备制造业的转型决策以及与生产性服务业的融合决策。可以说，环境条件的桎梏必然会降低两大产业融合的信心。这种情况下，装备制造业与生产性服务业融合中不经济效应的发生也就不受控制。

2.2　区域装备制造业与生产性服务业融合系统

区域装备制造业与生产性服务业融合效应是融合活动对融合系统内外要素的正向促进作用。因此，区域装备制造业与生产性服务业融合效应研究应以融合系统为基础，需对融合系统进行分析。

2.2.1　融合系统要素

区域装备制造业与生产性服务业融合是一个复杂的系统性行为，两大产业融合主体要素、融合客体要素、融合环境要素是决定该融合系统中融合质量的关键要素。[90][91]区域装备制造业与生产性服务业融合系统要素如图 2 -1 所示。

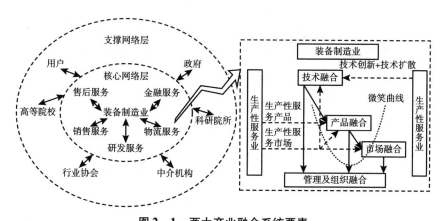

图 2 -1　两大产业融合系统要素

（1）融合主体要素。

融合主体要素是指装备制造业与生产性服务业中主导融合活动的各个装备制造企业、生产性服务企业。考虑到装备制造企业的行业特性，装备制造企业对拓展非制造领域的增值业务的需求更为渴望，且装备制造业的价值链体系纷繁复杂。因而，在区域装备制造业与生产性服务业融合系统中主导产业融合活动的通常是装备制造企业。生产性服务业在融合过程中也会基于其行业特性和盈利惯性，通常不会转向对制造环节的直接运行，而是选择以装备制造企业的各类非制造服务诉求的解决者身份出现在区域两大产业融合系统的运行中。因此，本书基于装备制造业视角研究区域装备制造业与生产性服务业融合效应问题。

（2）融合客体要素。

融合客体要素是指装备制造业与生产性服务业融合行为的被实施者，即融合对象。回归装备制造业与生产性服务业融合本身来看，技术融合、产品融合、市场融合、管理及组织融合等就是从客体层面来研究装备制造业与生产性服务业融合，[5] 即技术融合、产品融合、市场融合、管理及组织融合是装备制造业与生产性服务业的融合客体要素。值得注意的是，首先，装备制造业与生产性服务业产业间通用技术的形成，实现了装备制造业与生产性服务业的技术融合，而装备制造业与生产性服务业的产品融合以其融合技术为基础，因此技术融合引发产品融合。其次，"装备＋服务"型融合产品的产生刺激更高水平的市场需求和融合型产品的研发与生产，进而从"需求＋供给"两个层面引发市场融合。最后，装备制造业与生产性服务业技术融合、产品融合、市场融合的实现必然逻辑性引发融合系统对组织管理融合的需求，形成装备制造业与生产性服务业管理及组织融合。区域装备制造业与生产性服务业融合客体要素间的关系如图 2－2 所示。

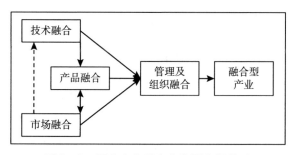

图 2 - 2　两大产业融合客体要素间关系

（3）融合环境要素。

融合环境要素是指在装备制造业与生产性服务业融合系统中支撑各个融合主体要素得以顺畅、有序实现融合的要素，这类要素在相互作用中构筑成为了保障系统得以开展融合的关键环境，以期补充融合系统所处外部环境不同周期的特定缺陷。区域装备制造业与生产性服务业融合环境要素通常包括政府组织、高校与科研院所、中介机构及行业协会等。其中，政府是推动装备制造业与生产性服务业融合最为积极的环境要素。因我国诸多装备制造业企业均存在着不同程度的国有资本，装备制造业的发展质量制约着我国经济发展的动能，政府组织对国内外经济形势、行业发展缺陷的关注更为敏感和急迫。所以，各级政府组织都在不同程度的参与各个区域内的装备制造业与生产性服务业融合实践，并成为融合发展的管控主体之一。行业协会是指以装备制造业与生产性服务业为直接客户、以咨询协调为主要工作内容的各类社会中介组织，主要应对各类融合主体异常行为、融合主体法律纠纷、融合环境要素协调障碍等事宜。中介机构是指以涉及装备制造业、生产性服务业的专业知识、技术知识、服务知识为依托，向融合系统中的各个主体提供咨询、人资、财务、法务、公证和代理类等中介服务的机构，以期润滑融合系统中各主体要素间的有效融合过程，也能为融合不断创新产出信息技术类中介服务。科研院所和高等院校在融合系统中主要是前沿性知识、技术得以"生产与传播"的主力军，为融合系统提供源源不断的新知识、新思想、新思路。

2.2.2 融合系统结构

区域装备制造业与生产性服务业融合系统结构是指融合系统内各要素间的交互关系。装备制造业与生产性服务业融合系统结构是一个不断演进、适时变化的结构，且该结构在特定时期内会保持着一定的稳定性，如图 2 – 3 所示。

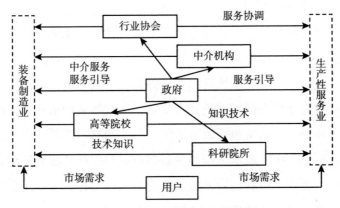

图 2 – 3　两大产业融合系统结构

在区域装备制造业与生产性服务业融合进程中，政府在融合系统中发挥着强大且有效的规制作用，政府积极引导着行业协会、中介机构等融合环境要素实现服务要素的引导、协调和传递以保障装备制造业与生产性服务业的有效融合。与此同时，政府也积极引导着高校及科研院所等融合环境要素实现知识、经验的价值增值，这些关键要素的针对性流动可以保障装备制造业与生产性服务业的高质量融合。此外，各层级用户也在装备制造业与生产性服务业融合系统中占据关键位置，产业融合系统各要素都是被各层级用户的需求牵引，并针对性地制定融合进程的各项决策。

2.2.3 融合系统功能

区域装备制造业与生产性服务业融合系统功能体现在多个维度。一方面，装备制造业与生产性服务业融合系统的发展能够有效促进融合系统主体要素，即装备制造业与生产性服务业的结构优化和竞争力提升，实现装备制造业与生产性服务业又好又快的发展；另一方面，装备制造业与生产性服务业融合系统的功能还可以表现为融合系统发展对融合环境要素的正向促进作用，主要包括促进区域经济发展、增强区域经济竞争力、促进消费升级、增加就业以及改善生态环境等正向效应。区域装备制造业与生产性服务业融合系统功能如图 2 - 4 所示。

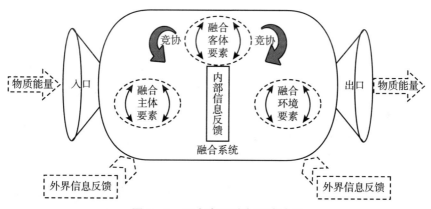

图 2 - 4 两大产业融合系统功能

2.3 区域装备制造业与生产性服务业融合效应

本书借鉴陈柳钦[92]、王成东[5]等相关学者的研究成果，依据装备制造业与生产性服务业融合效应的内涵与特征，将装备制造业与生产性服务业融合效应划分为自效应和溢出效应两个类别。

2.3.1 融合自效应

区域装备制造业与生产性服务业融合自效应是两大产业融合对各个融合主体要素的影响效应，即装备制造业与生产性服务业融合对其自身的推动作用，具体包括产业高质量发展效应[3]、产业竞争力提升效应两类。

2.3.1.1 产业高质量发展效应

考虑到已有研究成果中，评价产业发展质量优质与否的维度主要包括供给结构、生产效率和价值创造三个方面。[93] 那么，产业高质量发展就是供给结构高级化、生产效率最佳化、价值创造最大化的综合表现。

（1）产业结构改善效应。

在融合系统中最先涉足融合业务的装备制造业与生产性服务业企业，通常会在微笑曲线两端的研发设计、售后服务等价值创造空间较大的环节实现比较优势的构筑，进而在同行业范畴内率先开展良性循环互动，以期维系发展中获取的"顶端优势"。"顶端优势"的构筑与巩固必然实现产业组织结构的改善、优化与调整。原有不适宜的产业组织结构将会伴随产业融合过程中技术经济关系的调整而重构，从而实现装备制造业与生产性服务业各企业间的协调发展。与此同时，在装备制造业与生产性服务业融合的发展进程中，高端装备制造业在装备制造业中的比重逐步提高，以制造服务业为代表的生产性服务业所占的比重也会逐步提高，即实现了产业结构的高级化演进。

（2）产业创新效应。

装备制造业与生产性服务业融合的过程就是探索产业发展新范式的创新过程。作为技术和知识密集型产业，装备制造业在与生产性服务业融合过程中，必然会将有限的融合资源用于实现其与研发服务业和设计服务业等富含创新要素的生产性服务业的融合，从而提高产业的创新能力与创新水平，实现产业创新效应。此外，不同层级的装备制造企业在融合发展过程中，必然会产生多元化的需求，而多元化的需求必然会牵引生产性服务业予以技术创新的供给；不断供给各类创新的生产性服务业必然会产生新兴产业形态，进而衍生出对创新型组织和管理模式的创新型需求，即"发展需求"牵引"创新供给"，"创新供给"保障"发展需求"的产业创新效应。

（3）价值链攀升效应。

产业融合有利于装备制造业与生产性服务业价值链的横向延伸、纵向交互与网式互动，进而实现产业的价值链攀升。从装备制造业与生产性服务业在"微笑曲线"的分布来看，装备制造业与生产性服务业的融合可以逻辑性地通过价值链高端位置的生产性服务业来提升装备制造业价值位势，从而实现产业的价值链攀升。不仅如此，装备制造业与生产性服务业的融合还可以有效降低装备制造业获取生产性服务的综合成本，从而提升产业价值创造效率，提升其价值链位势。

2.3.1.2　产业竞争力提升效应

装备制造业与生产性服务业融合可以实现对各价值环节的动态优化选择，只有高价值增值能力或潜力的价值环节才会被纳入产业融合后的价值链体系。优势价值环节的有机结合必然会带来价值链体系的整体优势，其外化表现就是产业竞争力的大幅提升。产业融合的竞争力提升效应主要表现在如下方面：一是"装备＋服务"融合型产品的提供能够更好地满足市场的融合型需求，提高顾客满意度和忠诚度；二是"搜寻成本"等各项成本的降低不仅可以提高利润率水平，而且可以有效提高融合系统的战略灵活性；三是产业融合能够打破产业壁垒，拓展两大产业及其融合系统的资源、能力和发展空间，从而提高产业竞争力。

2.3.2 融合溢出效应

区域装备制造业与生产性服务业融合溢出效应是相对于融合自效应而提出的，是指区域装备制造业与生产性服务业融合对融合环境的影响效应，包括经济促进效应、社会进步效应以及生态优化效应。

2.3.2.1 经济促进效应

本书主要从促进区域经济发展与增强区域经济竞争性两个方面分析装备制造业与生产性服务业融合的经济促进效应。

（1）促进区域经济发展。

装备制造业与生产性服务业融合催生了更符合市场需求的新型产业，有效改善区域产业结构，进而有利于实现区域产业结构的多样化与合理化。并且，装备制造业与生产性服务业融合能够显著提高装备制造业与生产性服务业的产业关联水平，有助于打破区域地方保护主义所形成的区域壁垒，增强不同区域间的经济关联关系。此外，装备制造业与生产性服务业融合可形成具有相对竞争优势的融合型产业，有利于区域中心增长极的形成及其辐射带动作用的发挥，对改善区域二元经济结构具有明显效果。

（2）增强区域经济竞争性。

装备制造业与生产性服务业融合所带来的技术和知识溢出必然会增加两大产业原有产品间的可替代性。显然，无论是装备产品还是生产性服务，用户在选择过程中并没有天然的偏好，能以更低的价格、更优的品质和更便捷的渠道满足用户需求的产品即是更易获得青睐的产品。因此，装备产品与生产性服务间日益增加的可替代性必然会增强相关领域内的市场竞争，从而形成区域经济竞争性。而在竞争的推动下，相关产业技术水平、管理水平、创新能力必然会得到提升或改善，从而在更高维度形成区域竞争，实现区域经济竞争效应的螺旋式上升。

2.3.2.2　社会进步效应

本书主要从消费效应与就业效应两个方面分析装备制造业与生产性服务业融合的社会进步效应。

（1）消费效应。

装备制造业与生产性服务业融合的消费效应主要表现为四个方面。首先，产业融合可以有效改善市场消费结构。装备制造业与生产性服务业在融合发展的进程中不断创造需求，并依据需求不断产生新的供给，各层级消费者可供选择的消费产品、消费服务也就愈发丰富，因而改善了市场消费结构。其次，产业融合可以增强用户消费能力。由于服务环节的价值增值空间更大，议价空间也更大，在装备制造业与生产性服务业融合发展的进程中，用户对融合型产品的偏好也将得以逐步培育，"装备＋服务"融合型产品的提供，在降低产品成本的基础上，间接增强了市场上融合型产品偏好用户的消费能力。此外，产业融合能够提高市场消费规模。装备制造业与生产性服务业不仅能够从供给侧更好地满足用户需求，而且可以有效引导甚至创造用户需求，从而有效增加市场消费规模。最后，产业融合可以提高消费水平。产业融合所带来的产品改进或创新，能够满足和培育更高层次的市场消费需求，从而提高市场消费水平。

（2）就业效应。

首先，装备制造业与生产性服务业融合必然能够引发技术的更新、迭代和创新，并衍生对管理方式的改革，甚至衍生出新的组织形式。在技术创新、管理创新和组织创新的三重作用下，市场劳动者素质已成为限制企业融合发展的关键价值要素。装备制造业与生产性服务业融合会在全就业市场领域内扩大技能型劳动力、知识型劳动力的高质量需求。其次，伴随装备制造业与生产性服务业融合进程的不断深入，先进管理、技术、方法和设备等现代化生产要素通过区域价值链、国内价值链乃至全球价值链向相关行业传递，在制造业领域及服务业全领域实现劳动力结构的改善,实现知识型和技能型劳动者比重的逐步提升。最后,装备制造业与生产性服务业融合可以实现生产性服务价值环节在装备制造业基本价值链上多节点、多维度、多层次的嵌入,提升后者的生产迂回度,从而增加就业人数,实现产业融合的就业效应。

2.3.2.3　生态优化效应

装备制造业与生产性服务业融合从根本上改变了其产品环境成本的承担者,使原本由装备制造业或生产性服务业单独承担的环境成本转化为两大产业的共担成本,从而有效扩大两大产业所关注的环境成本范围,并诱发两大产业在低碳、绿色、环保等理念下进行相应的调整,以降低其产品对环境的危害。而这些调整对改善生态环境,实现两大产业融合的生态环境效应具有重要意义,主要表现为两大产业融合提高了装备制造业与生产性服务业的产业资源利用效率,减少了装备制造业生产制造等价值环节的有害物质排放,降低了其对环境的污染,实现了装备制造业的绿色化制造,并能够将先进的绿色理念和技术物化入装备产品之中,实现了制造业等下游用户产业的绿色化。

区域装备制造业与生产性服务业融合效应类别如图 2 - 5 所示。

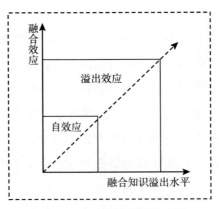

图 2 - 5　两大产业融合效应类别

2.3.3　融合效应特征

区域装备制造业与生产性服务业融合效应作为装备制造业与生产性服务业融合活动对融合系统内外要素的作用结果，与装备制造业与生产性服务业的融合特质密不可分，并具备以下特征。

（1）多元性。

区域装备制造业与生产性服务业融合系统是一个具备双主体要素的复杂开放性经济系统。融合主体要素是指参与融合活动的装备制造业与生产性服务业，融合支持性要素是指在融合主体需要更多资源和服务满足融合需要时提供支持的用户、政府、行业协会、中介机构、研究机构和高校等辅助性组织，这些组织共同构成产业融合的外部环境。融合主体与融合环境间呈现无交叉并互补的状态并组成融合系统的基础要素群。从系统角度来看，通过装备制造业与生产性服务业融合对融合系统内外要素产生正向推动作用，获得融合系统及其要素的发展才是装备制造业与生产性服务业融合系统的真正"目标"，即实现装备制造业与生产性服务业融合效应。区域两大产业融合本身就是一个点多面广、要素众多的复杂系统，包括技术融合、产品融合、市场融合、管理及组织融合等阶段，每个融合阶段依据融合结构、融合环境会生成独特的融合效应。[90]因此，装备制造业与生产性服务业融合效应具备显著的多元性特征。

（2）动态性。

装备制造业与生产性服务业融合效应作为两大产业融合对融合系统内外要素作用所形成的结果，其整体状态、各组成要素的状态同样遵循时间和空间上的规律，具有显著的动态性特征。时间维度上，装备制造业与生产性服务业关系经历了一个不断加深和扩展的过程，在此过程中，用户、政府、行业协会、中介机构和科研院所等系统要素为装备制造业与生产性服务业关系的演进提供了市场、政策、中介服务和技术知识等方面的有力支持。这些融合要素间存在广泛不可替代的物质、能量交换，依托于这些融合要素间人财物、信息、知识和技术等产业资源的有效流动，装备制造业与生产性服务业融合效应不断变化发展。空间维度上，政策倾斜说、地域差异说、体制因素说等致使不同区域实施装备制造业与生产性服务业融合的主导逻辑、运行机制、方式方法迥异，区域装备制造业与生产性服务业融合系统与融合要素的作用程度也不尽相同，这就决定了区域两大产业融合效应本身并非静态存在物，而是与装备制造业与生产性服务业的融合特质密不可分，具备典型的动态性特征。

（3）系统性。

区域装备制造业与生产性服务业融合系统是一个典型的自组织系统，可通过自组织形式完成系统演进，其目标与功能首先表现为融合系统正向发展对系统内融合主体要素的作用，同时还表现为融合系统正向发展对系统内融合环境要素和外部环境要素的作用。可以说，区域装备制造业与生产性服务业融合效应是两大产业融合对融合系统内外要素作用所形成的结果。区域装备制造业与生产性服务业融合效应是本书的主要研究对象，其由诸多要素组成，主要包括融合自效应与融合溢出效应，具有丰富的层级结构。区域装备制造业与生产性服务业融合效应与两大产业的融合特质密不可分，因此，区域装备制造业与生产性服务业融合效应也具备典型的系统性特征。

2.4　区域装备制造业与生产性服务业融合效应演化机理

本书依据"机理"概念[94]，从融合效应演化条件、动因、过程及其路径等方面对区域装备制造业与生产性服务业融合效应演化机理进行揭示。

2.4.1　融合效应演化条件

区域装备制造业与生产性服务业融合效应演化需要以相对开放的产业融合系统、高质量的产业融合水平以及高效的产业融合知识整合为前提条件。

（1）相对开放的产业融合系统。

相对开放的区域装备制造业与生产性服务业融合系统是两大产业融合效应演化的首要条件。只有在开放的前提条件下，产业融合系统外部的物质、能力和信息才能够进入产业融合系统之中，打破系统既有平衡态，形成微涨落，当涨落积累到一定的值，形成巨涨落，融合效应实现演化。可见，区域装备制造业与生产性服务业融合效应的演化依赖于人、财、物以及信息等产业资源的高频流动。

（2）高质量的产业融合水平。

首先，区域装备制造业与生产性服务业融合水平越高，两大产业融合的技术创新能力、产品实现能力、市场运营能力以及管理能力越强，融合活动对融合系统内外要素的影响作用越显著，从而有利于推动装备制造业与生产性服务业融合效应演化。其次，融合自效应的存在有效提高装备制造业与生产性服务业融合产品的技术密集度和竞争力，从而构成两大产业融合效应演化的重要基础。最后，当装备制造业与生产性服务业进入自组织性的融合轨道，会在一定程度上实现"融合→效应发展→融合加深→效应进一步发展"的良性循环。

（3）高效的产业融合知识整合。

区域装备制造业与生产性服务业融合是一种产业创新的新范式，结合"创新就是知识的创造、转移与应用"的观点，本书认为装备制造业与生产性服务业融合对融合系统内外部要素在人力、资金、技术、物质和能量等方面的作用均以知识的形式进行积累和输入。因此，高效的融合知识整合体系是融合效应演化的必要条件。区域装备制造业与生产性服务业融合效应的演化需要大量高水平融合知识作为支撑。区域装备制造业与生产性服务业融合就是对融合知识进行创造、转移和应用。融合知识的应用阶段就是新融合知识进行新的产品或新的工艺输出的过程。由此可见，融合知识创新在整个区域装备制造业与生产性服务业融合效应演化过程中占据显著重要的位置。那么，新的融合知识创新必须满足以下条件：一方面是融合主体具备丰富的创新性融合知识，另一方面是具备科技融合资源投入。在此基础上，才会产生新的融合知识，而且新的融合知识需要具备一定存在形式的依附载体。构建配置机制促进区域装备制造业与生产性服务业融合知识在不同组织间的流动，对区域装备制造业与生产性服务业融合效应的演化会起到明显的积极作用。

2.4.2 融合效应演化动因

（1）目标驱动。

对于区域装备制造业与生产性服务业融合系统而言，目标驱动是不断激励融合系统进行融合效应产出的核心手段和方法之一。根据目标管理理论，目标驱动就是在区域装备制造业与生产性服务业融合效应演化的初始阶段，装备制造业与生产性服务业融合系统以战略目标为导向而实现融合效应的整体涌现。因此，目标驱动是两大产业融合效应演化的直接动因。随着装备制造业与生产性服务业融合的不断深入，融合系统内每一基础要素与联系的变化都会引起融合系统网络关系与结构的变化，进而促进了装备制造业与生产性服务业融合效应演化动力的形成，而系统结构的改变为两大产业提供了新的融合效应演化途径，并且这些新的融合效应演化途径具有更高的价值创造效率。

（2）价值驱动。

价值驱动是以区域装备制造业与生产性服务业融合系统组织网络嵌入关系为依托，通过区域装备制造业与生产性服务业融合系统的开放式融合创新整合技术、资本、信息等融合资源，促进融合要素汇聚以有效提升产业融合能力和融合系统组织成员的价值创造与价值获取。价值驱动是装备制造业与生产性服务业融合效应演化的关键动因。满足用户价值需求是装备制造业与生产性服务业融合的最终价值目标，融合系统组织成员对融合价值获取的期望程度决定了价值创造的潜力，价值创造更多通过组织间的合作实现，而价值获取更多由组织间竞争反映，价值创造与价值获取两者之间相互影响、协同耦合的复杂作用关系共同推动装备制造业与生产性服务业融合效应的提升。然而，装备制造业与生产性服务业融合价值创造往往也会阻碍融合价值获取，价值驱动可以为融合系统带来修正与调优融合价值创造的机会。为了在融合价值创造与获取之间做出适当的权衡，两大产业需要依据融合配置活动制定价值驱动战略，政府、中介机构等融合环境应引导融合资源等向融合主体倾斜。

（3）平衡驱动。

产业融合系统要素间的非线性相互作用有助于装备制造业与生产性服务业融合达到新的平衡态，而装备制造业与生产性服务业融合系统不断向新均衡态迈进的动态过程就是装备制造业与生产性服务业融合效应的演化过程。平衡驱动是装备制造业与生产性服务业融合效应演化的根本动因。激烈的市场竞争以及自身竞争力不足引发装备制造业与生产性服务业市场竞争压力的增加，进而逻辑性引发装备制造业与生产性服务业的自组织调整以提升产业竞争力，从而逻辑性引发产品、市场以及管理层面的变动。可见，装备制造业与生产性服务业融合效应演化的外部诱因需要通过内因起作用。技术创新、竞争压力两大外部诱因以及高层管理者决策等内因的双重"涨落"引发区域装备制造业与生产性服务业间融合意愿的"非均衡"。

进一步分析可以发现，上述区域装备制造业与生产性服务业融合效应演化的三大动因之间存在紧密的关联关系：价值驱动得益于明确而坚实的价值目标；目标驱动能够更好地实现融合系统要素的价值增值；目标驱动和价值驱动共同引发和加剧平衡驱动。因此，区域装备制造业与生产性服务业融合效应演化的三大动因间是一种相互依存、相互促进关系。各动因间关联关系如图2-6所示。

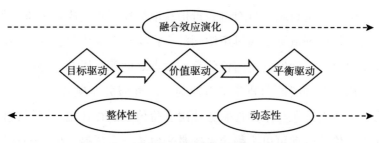

图2-6　两大产业融合效应演化动因关系

2.4.3　融合效应演化过程

过程是指事物发展变化所经过的程序或阶段。鉴于装备制造业与生产性服务业融合对融合系统内外部要素在人力、资金、技术、物质和能量等方面的作用均以知识的形式进行积累和输入，本书借鉴突变理论中的尖点突变模型对融合效应演化过程进行隐喻分析，以便更好地理解这一抽象过程。

根据尖点突变模型的定义，构建装备制造业与生产性服务业融合效应演化过程模型，其表达如式（2-1）所示。

$$G(k) = k^4 + \alpha k^2 + \beta k \qquad (2-1)$$

$G(k)$——融合效应势函数，表示其变化态势；

k——融合效应状态变量，表示系统内部融合知识；

α、β是指融合效应控制变量，分别表示系统外部融合知识引起的负熵和系统内部融合知识引起的熵增；αk^2是指引入外部融合知识引起的负熵α对融合效应势函数的影响；βk是指系统封闭带来的熵增β对融合效应势函数的影响。事实上，装备制造业与生产性服务业融合效应演化过程就是系统内外部融合知识经过不断聚合，在非线性相互作用后的输出过程。

对式（2-1）求一阶导数，可得平衡曲面方程如式（2-2）所示。

$$G'(k) = 4k^3 + 2\alpha k + \beta = 0 \qquad (2-2)$$

区域装备制造业与生产性服务业融合效应所有临界点的奇点集方程如式（2-3）所示。

$$G'(k) = 12k^2 + 2\alpha = 0 \qquad (2-3)$$

区域装备制造业与生产性服务业融合效应所有临界点的分歧点集方程如式（2-4）所示。

$$8\alpha^3 + 27\beta^2 = 0 \qquad (2-4)$$

本书采用盛金公式判别式（2-4）中的方根个数。令

$$\Delta = 8\alpha^3 + 27\beta^2 \qquad (2-5)$$

基于尖点突变模型的区域装备制造业与生产性服务业融合效应演化过程模型如图2-7所示。

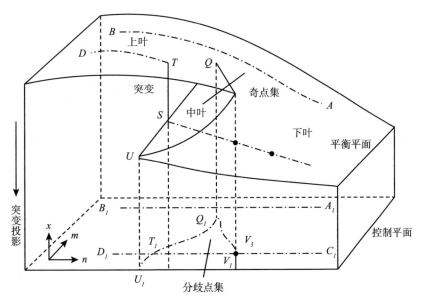

图2-7　两大产业融合效应演化过程概念模型

由图 2 - 7 分析发现,下叶代表在装备制造业与生产性服务业融合效应形成之前,融合系统一直处于一种平衡态。中叶代表装备制造业与生产性服务业融合效应演化是通过融合系统要素涨落、系统的渐变与突变产生的结构失稳状态。上叶代表装备制造业与生产性服务业融合系统达到新的均衡态,意味着装备制造业与生产性服务业融合效应的实现过程;分歧点集 $Q_1U_1V_1$ 区域是装备制造业与生产性服务业融合效应的关键区域,即融合效应是否演化。其中,G 点为装备制造业与生产性服务业融合系统外部融合知识引入的节点,V_2 为装备制造业与生产性服务业融合效应演化的节点。根据融合系统内外部融合知识的熵值比例关系,将这一过程划分为融合效应形成阶段($C \rightarrow G$)、融合效应实现阶段($G \rightarrow V_2$)和融合效应治理阶段($V_2 \rightarrow D$)。

2.4.3.1 融合效应形成阶段

区域装备制造业与生产性服务业融合效应形成阶段,强调两大产业融合效应从无到有的过程。区域装备制造业与生产性服务业融合效应的形成需要依赖相对开放的产业融合系统和高效的产业融合知识整合。

根据知识全生命周期可知,系统内部融合知识的积累是装备制造业与生产性服务业融合效应形成的前提和基础,开放式融合条件可以更快促进融合效应的形成。因此,产业融合系统引入外部融合知识资源(节点为 G 点)。当 $\Delta > 0$ 时,装备制造业与生产性服务业融合效应演化过程模型的平衡曲面方程只有单独实根,变量 k 会随着融合系统外部融合知识引起的负熵值 α、融合系统内部融合知识引起的熵增值 β 的平稳变化而发生变化。此时,负熵值 α 和熵增值 β 的关系可以表达为 $\alpha > -3/2\beta^{\frac{2}{3}}$,这表明引入融合系统外部融合知识所形成的负熵,能够降低融合系统内部的总熵值,进而促进区域内装备制造业与生产性服务业融合效应形成;但由于融合系统外部融合知识引起的负熵较小,无法完全抵消融合系统内部融合知识引起的熵增。

因此，从图 2 - 7 来看，装备制造业与生产性服务业融合效应的形成路径表现为 GV_2 曲线，即从处于下叶的 G 点出发，直至到达处于下叶的 V_2 点，区域装备制造业与生产性服务业融合效应形成。

2.4.3.2 融合效应实现阶段

区域装备制造业与生产性服务业融合效应实现阶段强调两大产业融合效应从弱到强的过程。区域装备制造业与生产性服务业的自身发展与融合水平是实现两大产业融合效应的重要基础。

当 $\Delta < 0$ 时，装备制造业与生产性服务业融合效应演化过程模型的平衡曲面方程有三个不相等的实根，装备制造业与生产性服务业融合系统处于不稳定状态。此时，α 和 β 的关系式为 $\alpha < -3/2\beta^{\frac{2}{3}}$。此时，装备制造业与生产性服务业融合效应具有极大的跨越分歧点集的可能性。

因此，从图 2 - 7 来看，装备制造业与生产性服务业融合效应的实现路径表现为 V_2D 曲线。随着外部融合知识引入时间的增加，装备制造业与生产性服务业融合系统内部融合知识的聚合度显著提高。从处于下叶的 V_2 点开始，随着两个控制变量的连续变化，融合效应曲线将会逐渐接近折叠边缘。此时，若装备制造业与生产性服务业融合效应的控制变量发生微小变动，融合效应状态变量将会从 S 点直接跃迁到 T 点，通过实现内部融合知识的共享与外部融合知识的引进、吸收，遵循知识整合、转化及知识创造的演化过程，促进装备制造业与生产性服务业融合效应的实现。

2.4.3.3 融合效应治理阶段

区域装备制造业与生产性服务业融合效应治理阶段是针对两大产业融合效应出现演化分叉的控制过程，以确保融合效应正向演化。

从控制平面上来看，区域装备制造业与生产性服务业融合效应的演化路径表现为 $V_3T_1D_1$ 曲线。以 V_3 点为始端，装备制造业与生产性服务业融合效应开始进入不稳定演化区域。当 $\Delta = 0$ 时，平衡曲面方程有三个实根。当 $\alpha \neq 0$ 且 $\beta \neq 0$ 时，方程有两个根相同，分别对应分歧点的两条曲线；当 $\alpha = 0$ 且 $\beta = 0$ 时，三个根都相同，装备制造业与生产性服务业融合效应处于临界状态。此时，α 和 β 的关系式为 $\alpha = -3/2\beta^{\frac{2}{3}}$，这表明稍有干扰或变动，装备制造业与生产性服务业融合效应将会进入不稳定区域。

因此，从图 2 – 7 来看，在区域装备制造业与生产性服务业融合系统外部融合知识引起的负熵值 α、融合系统内部融合知识引起的熵增值 β 两种控制要素的作用与影响下，可能的干扰会使其跃过融合的临界点，导致装备制造业与生产性服务业融合效应曲线从下叶跳到上叶的 T 点，进入上叶的融合效应稳定状态，即演化成新的融合效应状态。

区域装备制造业与生产性服务业融合效应演化过程模型如图 2 – 8 所示。

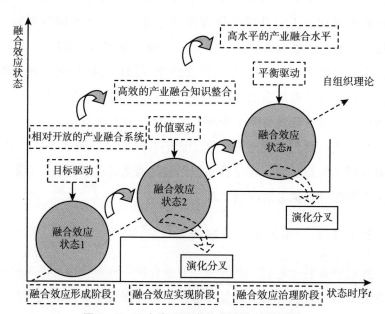

图 2 – 8　两大产业融合效应演化过程模型

2.5 区域装备制造业与生产性服务业融合效应演化要素识别

2.5.1 融合效应演化要素识别方法选择

综观现有文献，区域装备制造业与生产性服务业融合效应的相关理论研究依旧处于概念的构建阶段，研究体系尚不成熟。对于这种缺乏充足理论支撑的研究命题，学术界通常选取定性的研究方法进行刻画。并且，基于对区域装备制造业与生产性服务业融合效应演化机理分析可知，装备制造业与生产性服务业融合效应演化具有突出的实践性。相比于仅从变量角度的刻画研究，定性研究能够从条件、动因和过程三个方面考察装备制造业与生产性服务业融合效应演化要素，能够使研究范畴在最大程度上覆盖装备制造业与生产性服务业融合效应演化的重要因素。此外，考虑到装备制造业与生产性服务业这两个研究对象是我国区域经济环境下所特有的产业分类体系，对其融合效应演化的研究属于情境嵌入式研究。徐（Tsui）研究表明，如果想在特定情境中，揭示和预测特定现象及理论，[95]更宜采用本土语言、主体和构念以及应用归纳式研究，因为这种情况下更能立足于本土情境。鉴于此，本书拟从区域装备制造业与生产性服务业融合效应演化实践及机理研究结果入手，采用"实践→理论→实践"的质化研究范式，选择定性的研究方法对融合效应演化要素进行研究，来发现现象和问题，提出概念或理论假设，为进一步的理论构建做基础。

扎根理论注重从实际情景中提炼并自下而上地构建相关理论框架，其数据资料分析逻辑、思路方法严谨，能够将质化研究过程进行规范化处理，在一定程度上克服了传统质化研究缺乏以方法论为基础的规范化研究过程的不足。[96][97]扎根理论是哲学与社会科学领域重要的研究方法，在学术研究中被广泛应用，对于理论框架、概念测量均不精确的复杂性微观问题具有更高水平的适用性。

综上所述，本书采用施特劳斯和科尔宾（Strauss & Corbin, 1987）提出的程序化扎根理论作为区域装备制造业与生产性服务业融合效应演化要素的挖掘方法。程序化扎根理论属于经典扎根理论的演变版本，是目前社会科学研究中应用最广泛的版本。具体流程如图 2 - 9 所示。

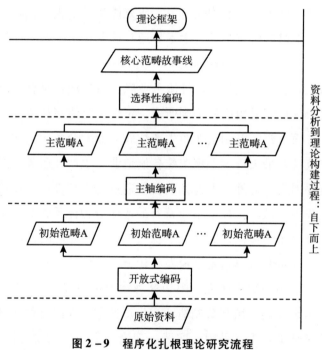

图 2 - 9　程序化扎根理论研究流程

2.5.2　融合效应演化要素识别过程设计

遵循以上研究范式，运用程序化扎根理论构建区域装备制造业与生产性服务业融合效应演化要素识别的研究过程，如图 2 - 10 所示。

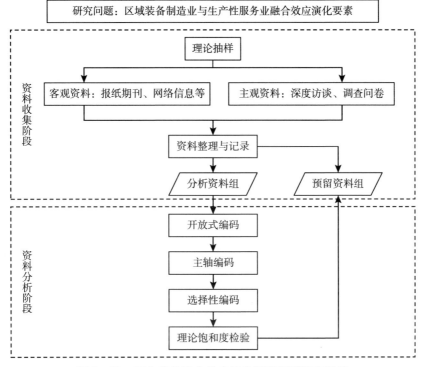

图 2 – 10 两大产业融合效应演化要素识别研究设计

2.5.2.1 研究样本来源

为了最大程度与研究目的相匹配，本书选择目的性抽样的方法进行研究样本的选择。目的性抽样中，研究者可以通过研究对象的重要特征或事件中的内在经验实现对研究问题的深入探讨与细致的解释性理解，为研究问题提供最大信息量。根据研究目的，本书基于融合效应演化机理相关研究成果，从装备制造业与生产性服务业融合效应演化条件、动因和过程三个方面进行相关原始数据的收集，所收集的原始数据主要源于政府管理部门、行业管理机构、行业从业人员和社会化行业服务机构。本书在保证样本理论饱和性的前提下将样本数量确定为30,[98]其中来源于政府管理部门的样本2个，行业主管部门样本6个，装备制造业从业人员样本15个，生产性服务业从业人员样本5

个，社会化服务化机构从业人员样本 2 个。

2.5.2.2 数据收集方式

半结构访谈是一种探索性研究方法，主要通过设置开放性问题与谈话者进行交流，并对谈话过程中的细节问题进行深入探究，因此，更适用于质性研究。访谈提纲见附录 1。

2.5.2.3 研究数据处理

为了方便编码分析，本书依据扎根理论饱和原则对收集的数据资料进行了一系列整理。本书最终得到 15 份有效访谈记录。访谈转录完成后，本书遵循程序化扎根理论的研究步骤，利用 Nvivo12.0 软件对 15 组原始材料进行处理，挖掘同装备制造业与生产性服务业融合效应演化相关联的要素。[99]

2.5.3 融合效应演化要素识别与关键要素确定

通过开放性编码、主轴编码和选择性编码识别区域装备制造业与生产性服务业融合效应演化要素，并确定区域两大产业融合效应演化的关键要素。

2.5.3.1 基于开放性编码的融合效应演化要素分析

开放式编码的目的在于对语句中的现象进行聚敛，界定概念并发现范畴。

（1）概念化。

通过对资料的挖掘整理，对 15 组原始材料内容进行逐句分解，并依据素材来源标注易被识别和索引的编号，从中形成 101 条初始概念。

（2）范畴化。

首先，从 15 组原始资料内容分解后的语句中提炼概念并筛选，依次剔除出现频次小于等于 2 的概念，得到开放式编码中装备制造业与生产性服务业融合效应演化要素的初始概念；其次，依据初始概念之间的逻辑递进关系进行归纳处理，提炼装备制造业与生产性服务业融合效应演化要素的范畴；最后，经过多次重复以上过程，将编码结果一致的初始概念和范畴加以保留，不一致的初始概念与范畴通过进一步讨论确定保留、删除或更改，最终得到了 27 个范畴，即装备制造业与生产性服务业融合效应演化要素的范畴。详见附录 2。

2.5.3.2　基于主轴式编码的融合效应演化主要素分析

主轴译码是通过寻找编码间的关联，最终建立主指标，[100] 从而获取区域装备制造业与生产性服务业融合效应演化主要素。

通过对 27 个范畴概念层次、维度和特征的分析发现，资源投入、效应附加值、企业家特质属于促进区域装备制造业与生产性服务业融合效应演化的内生动力要素，因此被归纳为两大产业融合效应演化的内生动力范畴；优惠政策、制度支持、市场竞争加剧、用户需求升级、技术创新和科技进步属于促进区域装备制造业与生产性服务业融合效应演化的外生动力要素，因此被归纳为两大产业融合效应演化的外源动力范畴；融合效应发展战略规划、组织决策和主体协同属于区域装备制造业或生产性服务业融合效应演化的战略引导要素，因此被归纳为两大产业融合效应演化的战略引导范畴；伙伴选择、合作信任、沟通交流、关系结构、利益共享以及风险共担属于区域装备制造业和生产性服务业融合效应演化的伙伴优化要素，因此被归纳为两大产业融合效应演化的伙伴质量范畴；核心价值、价值获取与价值结构调整属于区域装备制造业或生产性服务业效应演化的价值整合要素，因此被归纳为两大产业融合效应演化的价值增值范畴；融合效应水平、融合效应方向、融合效应影响因素属于区域装备制造业或生产性服务业融合效应演化的评价要素，因此被归纳为两大产业融合效应演化的评价范畴；反馈方式、优化控制以及激励约束属于区域装备制造业与生产性服务业融合效应演化的反馈调节要素，因此被归纳为两大产业融合效应演化的反馈调节范畴。

最终，从 27 个范畴中抽象出 7 个主范畴。基于主轴编码形成的主范畴如表 2 - 1 所示。

表 2 - 1　　　　　　　　　基于主轴编码形成的主范畴

编号	主范畴	范畴
1	内生性动力	资源投入
		效应附加值
		企业家特质
2	外源性动力	优惠政策
		制度支持
		市场竞争加剧
		用户需求升级
		技术创新
		科技进步
3	战略引导	战略规划
		组织决策
		主体协同
4	伙伴质量	伙伴选择
		合作信任
		沟通交流
		关系结构
		风险共担
		利益共享
5	价值增值	核心价值
		价值获取
		价值结构调整

续表

编号	主范畴	范畴
6	效应评价	融合效应水平
		融合效应方向
		融合效应影响因素
7	反馈调节	反馈方式
		优化控制
		激励约束

2.5.3.3 基于选择式编码的融合效应演化核心要素分析

基于对主轴编码形成的 7 种主范畴之间关系的分析发现，外源性动力和内生性动力属于区域装备制造业与生产性服务业融合效应演化的驱动要素，可被归纳为装备制造业与生产性服务业融合效应演化驱动范畴；战略引导、伙伴质量、价值增值对于促进区域装备制造业与生产性服务业融合效应演化的实现起到重要作用，可被归纳为装备制造业与生产性服务业融合效应演化实现范畴；融合效应评价、反馈调节可以为区域装备制造业与生产性服务业融合效应演化的优化与调节提供依据和手段，可被归纳为装备制造业与生产性服务业融合效应演化调控范畴。综上所述，在主轴编码阶段共得到 3 个核心范畴，如表2－2 所示。

表 2－2　　　　基于选择性编码形成的核心范畴

编号	核心范畴	主范畴
1	驱动要素	外源性动力
		内生性动力

续表

编号	核心范畴	主范畴
2	实现要素	战略引导
		伙伴质量
		价值增值
3	调控要素	效应评价
		反馈调节

本书基于扎根理论,采用深度访谈法根植于区域装备制造业与生产性服务业融合的本土情境,首先通过开放式编码识别出区域装备制造业与生产性服务业融合效应演化的 27 个范畴,分别定义为资源投入、效应附加值、企业家特质、优惠政策、制度支持、市场竞争加剧、用户需求升级、技术创新、科技进步、战略规划、组织决策、主体协同、伙伴选择、合作结构、沟通交流、关系结构、利益共享、风险共担、核心价值、价值获取、价值结构调整、融合效应水平、融合效应方向、融合效应影响因素、反馈方式、优化控制、激励约束;其次通过主轴式编码识别出区域装备制造业与生产性服务业融合效应演化的 7 个主范畴因素,分别定义为外源性动力、内生性动力、战略引导、伙伴质量、价值增值、效应评价以及反馈调节;最后通过选择式编码将 7 个主范畴因素归纳为 3 个核心范畴,分别定义为驱动要素、实现要素和调控要素。由此得出,"驱动要素""实现要素"以及"调控要素"3 个核心范畴为区域装备制造业与生产性服务业融合效应演化的关键要素。

2.5.3.4 理论饱和度检验

为了保证理论模型构建的严密性,通过扎根理论构建出较为系统的区域装备制造业与生产性服务业融合效应演化要素之后,需要进行理论饱和度检验以验证两大产业融合效应演化要素是否饱和。如果构建的理论不饱和，需要再进行数据的收集。利用预留的 4 组访谈资料，本书重复程序化编码过程以验证理论饱和度。结果显示，区域装备制造业与生产性服务业融合效应演化要素并未产生新的范畴。由此可以认为，通过扎根理论得到的区域装备制造业与生产性服务业融合效应演化要素是饱和的，可以停止进一步采样和分析。理论饱和度检验见表 2 - 3。

表 2 - 3   理论饱和度检验

项目	内容
访谈记录	提高市场需求环境质量要引导消费者的融合消费模式，培养消费者的融合生活方式，加大政府融合采购的力度及完善政府融合采购体制
主轴编码	用户需求升级→动力范畴
访谈记录	通过装备制造业公共服务平台能够匹配到目标价值趋于一致、拥有相对完善的技术出让机构，并实现技术对接，在解决了技术稳定性问题的基础上让项目落地
主轴编码	伙伴选择→实现范畴
访谈记录	企业通过融合可以最大程度获取制造资源，打破资源有限性对其发展的约束，利益的增加刺激高层管理者的融合效应发展意愿
主轴编码	企业家特质→动力范畴
访谈记录	融合效应发展战略目标主要包括揭示融合效应发展动力、制定融合效应发展规划、构筑融合效应发展基础以及确保融合效应发展的可持续
主轴编码	战略规划→实现范畴
访谈记录	产业融合是一把双刃剑，对于企业来说是一次重大变革，在融合中把握效应走势能够取得发展先机，掌握市场主动权
主轴编码	企业家特质→动力范畴
访谈记录	组织网络治理机制不仅需从网络运作过程入手，还需以整合最大融合效应提升价值为目的，对融合网络结点实现结构优化、建立灵活可行的合作关系等方面进行完善
主轴编码	激励约束→调控范畴

综上所述，区域装备制造业与生产性服务业融合效应演化关键要素的扎根理论模型如图 2 – 11 所示。

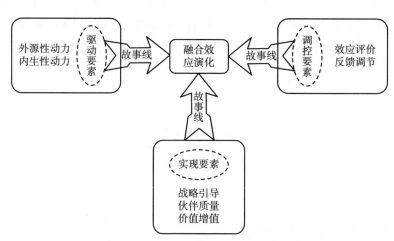

图 2 – 11 两大产业融合效应演化关键要素扎根理论模型

2.6 区域装备制造业与生产性服务业融合效应提升机制体系设计

依据前文分析可知，区域装备制造业与生产性服务业融合效应在关键要素的影响下不断构建新的融合效应状态。为了实现两大产业融合效应的提升演化，需进一步明确构建何种、如何构建融合效应提升机制体系以及融合效应提升机制体系如何运行，本书对区域两大产业融合效应提升机制进行总体的架构设计。

2.6.1 融合效应提升机制设计思路

由前文区域装备制造业与生产性服务业融合效应演化要素分析可知，两大产业融合效应演化受到"驱动要素""实现要素"和"调控要素"三个关键要素的影响。然而，区域装备制造业与生产性服务业融合效应演化并不是同步进行的，而是必然性地存在某一条件提前升级，引导其他相关条件跟随性进步的现象。[101]因此，区域装备制造业与生产性服务业融合效应演化呈现出自组织规律，伴随着关键要素的变化不断构建新的融合效应状态（如图2－8所示），并体现为不同的两大产业融合效应演化路径，如图2－12中（a）所示。

　　区域装备制造业与生产性服务业融合效应提升机制的总体设计遵循以下思路：不同的关键要素会导致装备制造业与生产性服务业融合效应出现不同的演化状态，而不同的融合效应演化状态对应着不同的融合效应演化路径。因此，在科学揭示区域装备制造业与生产性服务业融合效应演化条件、动因、过程和关键要素的基础上，进一步探索区域装备制造业与生产性服务业融合效应演化路径，寻求两大产业融合效应演化的最优路径［如图2－12中（b）所示］，并为装备制造业与生产性服务业融合效应提升机制总体设计奠定理论基础。

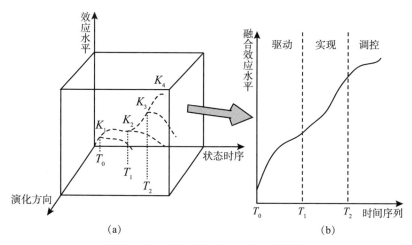

图2－12　两大产业融合效应演化路径

　　由图2－12中（a）可知，区域装备制造业与生产性服务业融合效应演化的具体路径有所区别，T_0、T_1、T_2是影响装备制造业与生产性服务业融合效应演化状态的关键时间节点。

（1）在路径 K_1 中，装备制造业与生产性服务业融合效应水平较低，并从 T_0 时刻开始逐渐退化，融合效应演化状态出现偏差。分析发现，在区域装备制造业与生产性服务业融合效应演化的最初阶段，只有通过建立高效的动力驱动系统，才能快速激发两大产业融合效应的提升演化，如果不注重动力引导和驱动作用，将直接导致两大产业融合效应演化滞后甚至分叉，最终形成两大产业融合效应演化路径 K_1。通常，激发动力并非瞬间产生，而是平稳地存在于区域装备制造业与生产性服务业融合效应演化系统中，根据系统状态随时产生不同程度的微小涨落。如果系统中存在正反馈，它将推动系统失稳，使微小涨落逐渐被放大，也就开启了区域装备制造业与生产性服务业融合提升演化的"开关"。

（2）在路径 K_2 中，装备制造业与生产性服务业融合效应演化动力的引导与驱动明确了演化的主导优势和目标，两大产业融合效应水平有所提高，但在 T_1 时刻出现核心能力的缺失，直接导致两大产业融合效应演化滞后甚至分叉，最终形成两大产业融合效应演化路径 K_2。未来必须关注关键要素网络环境变化，整合全网要素用于两大产业融合效应提升演化，避免主导优势退化与核心能力减弱，保持两大产业融合效应提升演化方向不变。

（3）在路径 K_3 中，装备制造业与生产性服务业融合效应的提升演化不可持续，在 T_2 时刻出现阶段性退化，直接导致两大产业融合效应演化滞后甚至分叉，最终形成两大产业融合效应演化路径 K_3。这种情况下，需要针对两大产业融合效应的演化状态进行积极调控，并建立一套行之有效的调控机制以保证两大产业融合效应持续提升演化。

（4）在路径 K_4 中，装备制造业与生产性服务业融合效应水平稳步持续提高，在 T_0、T_1 与 T_2 的时间节点平稳过渡。可见，区域装备制造业与生产性服务业融合效应演化的最优路径（即两大产业融合效应的提升演化）是在"驱动要素"、"实现要素"和"调控要素"三个关键要素的协同作用下，掌控两大产业融合效应的提升演化状态。因此，两大产业融合效应演化过程是开放的，形成了一定的自组织结构，关键要素及资源可以自由流动，并通过非线性相互作用实现两大产业融合效应提升。

综上所述，"融合效应演化关键要素—融合效应演化路径—融合效应提升机制"这一逻辑关系构成了本书区域装备制造业与生产性服务业融合效应提升机制总体设计的基本思路，如图 2–13 所示。

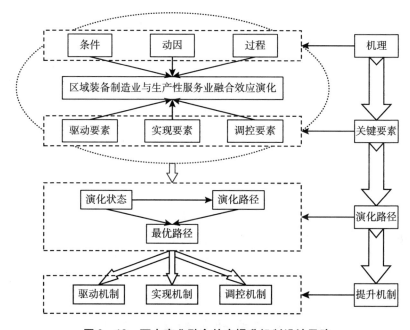

图 2–13 两大产业融合效应提升机制设计思路

需要注意的是，区域装备制造业与生产性服务业融合效应提升机制的运行受到机制特征和多种因素交互作用影响。因此，需要依据装备制造业与生产性服务业融合效应提升驱动机制、实现机制与调控机制等方面的研究成果，对装备制造业与生产性服务业融合效应提升机制保障策略进行系统设计，以保障装备制造业与生产性服务业融合效应提升机制的有效运行，进而确保区域装备制造业与生产性服务业融合效应取得理想的提升效率和效果。

区域装备制造业与生产性服务业融合效应提升机制构成如图 2 – 14 所示。

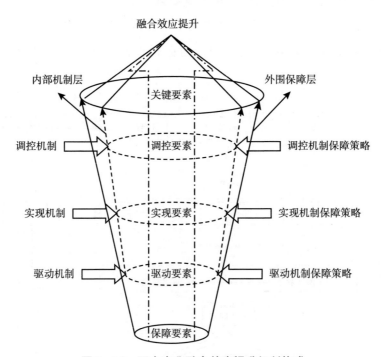

图 2 – 14　两大产业融合效应提升机制构成

2.6.2　融合效应提升机制体系模型

从机制设计思路来看，围绕区域装备制造业与生产性服务业融合效应演化的内在逻辑设计提升机制，确保了两大产业融合效应提升的协同性和可持续性；从机制具体内容设计来看，贯穿着"融合效应演化关键要素—融合效应演化路径—融合效应提升机制"的研究主线，彼此具有较高的逻辑关系；从机制之间的关系来看，区域装备制造业与生产性服务业融合效应提升是一个过程，不同提升机制的功能定位有所不同。

2.6.2.1 "驱动机制"阐释了怎么让这个"过程"发生

明确区域装备制造业与生产性服务业融合效应提升驱动机制，我们可以从中找出可控的动力因素，对其强化控制，进而驱动融合效应向良性方向演化。作为一个完整的区域装备制造业与生产性服务业融合效应提升驱动机制应具备以下功能：（1）区域装备制造业与生产性服务业融合效应提升活动的各种内、外部动力要素，应该能够通过彼此间的相互联系和作用，激发融合效应提升动机。同时，装备制造业与生产性服务业融合效应提升是一种长期行为，驱动机制应该具有长效的驱动作用以保障装备制造业与生产性服务业融合效应提升动力的可持续性；（2）区域装备制造业与生产性服务业融合效应提升过程需要随时对各种提升与非提升诱因进行比较，做出暂停、中止、继续或加速提升的决策。因此，驱动机制应具有选择与导向作用，保证在对各种因素的比较中，优先或侧重于做出有利于装备制造业与生产性服务业融合效应提升的选择；（3）在区域装备制造业与生产性服务业融合效应提升驱动机制下所进行的融合效应提升活动的总效果，应优于非提升活动的效果，从而对融合效应提升行为具有强化作用，并使之能周而复始地循环下去。

2.6.2.2 "实现机制"阐释了这个"过程"怎么样发生

区域装备制造业与生产性服务业融合效应提升实现机制是为了实现未来战略目标和提升两大产业融合效应目的而设立的。区域装备制造业与生产性服务业融合效应提升的实现要素是构筑融合效应提升的基础。作为一个完整的区域装备制造业与生产性服务业融合效应提升实现机制应具备以下功能：（1）实现机制是区域装备制造业与生产性服务业融合效应提升过程中对融合系统内在机能、运作方式进行维护的重要途径和手段，不仅是装备制造业与生产性服务业融合系统目标，更是一个有机过程；（2）战略协同是区域装备制造业与生产性服务业间为了实现共同价值利益目标而形成的一种长期战略合作关系，从而在促进装备制造业与生产性服务业融合效应提升战略愿景、具体目标方面保持协调一致，引导实现装备制造业与生产性服务业融合效应的提升；（3）伙伴优化是在战略协同基础上设计如何通过合作伙伴选择优化、合作伙伴关系优化以及合作伙伴结构优化等环节，推进装备制造业与生产性服务业融合效应的提升；（4）价值重构是在区域装备制造业与生产性服务业融合效应提升战略协同、伙伴优化的基础上，定期盘点两大产业融合效应提升价值要素，定位关键价值优势，识别价值要素缺口并采取一定的途径获取价值职能，重构装备制造业与生产性服务业融合效应提升价值增值结构，深化装备制造业与生产性服务业融合效应。

2.6.2.3 "调控机制"阐释了如何让这个"过程"更好的发生

区域装备制造业与生产性服务业融合效应提升的战略目标一旦明确，必须坚决执行，但难免会遇到动力驱动弱化、实现能力刚性等各类问题，导致提升进程与预期目标失衡现象的产生。科学的调控是实现装备制造业与生产性服务业融合效应可持续提升演化的重要保障。作为一个完整的区域装备制造业与生产性服务业融合效应提升调控机制应具备以下功能：（1）评价机制是对装备制造业与生产性服务业融合效应提升水平进行评价，并预判两大产业融合效应提升态势，为调控奠定了信息基础；（2）反馈机制是基于装备制造业与生产性服务业融合效应提升的评价结果构建反馈体系，以发现现有两大产业融合效应提升过程的不足并及时反馈，为下一步的调节提供理论依据；（3）调节机制是依据装备制造业与生产性服务业融合效应提升的评价与反馈结果，针对现有提升过程的不足和优、劣势因素进行激励与约束，以科学修正两大产业融合效应提升过程。

区域装备制造业与生产性服务业融合效应提升驱动机制、实现机

制与调控机制间呈现一个不断循环演化的闭环状态，如图 2 – 15
所示。

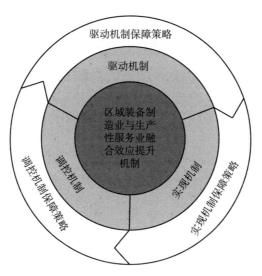

图 2 – 15 两大产业融合效应提升机制体系

通过上述过程分析，我们发现，驱动机制解决了装备制造业与生产性服务业融合效应提升的动力问题，触发了两大产业融合效应提升进程；实现机制解决了装备制造业与生产性服务业融合效应提升的过程问题，实现了两大产业融合效应提升进程；调控机制解决了装备制造业与生产性服务业融合效应提升的评价反馈问题，纠正了两大产业融合效应提升偏差；保障策略体系解决了装备制造业与生产性服务业融合效应提升机制运行过程的资源、环境等要素问题，从而保障了两大产业融合效应提升机制运行的顺畅和高效率。

2.6.3 融合效应提升子机制间关系

区域装备制造业与生产性服务业融合效应提升驱动机制、实现机制与调控机制协同运作，才可以保持两大产业融合效应持续稳定的提升，如图 2 - 16 所示。

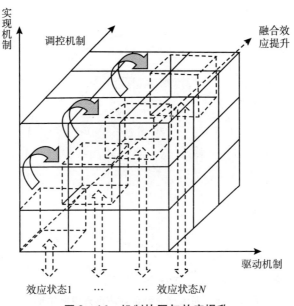

图 2 – 16　机制协同与效应提升

2.7　本 章 小 结

在分析装备制造业与生产性服务业融合系统要素、结构和功能的基础上，对区域装备制造业与生产性服务业融合自效应、溢出效应进行分析，并从条件、动因与过程三个方面系统性揭示两大产业融合效应演化机理；综合运用扎根理论的质性研究方法确定装备制造业与生产性服务业融合效应演化要素，并以关键要素为基础，对其演化路径进行分析。在寻求装备制造业与生产性服务业融合效应最优演化路径的基础上，对其提升机制体系进行总体设计，得到由驱动机制、实现机制、调控机制构成的区域装备制造业与生产性服务业融合效应提升机制的完整架构，并对三个子机制间的关系进行分析。

第 3 章

区域装备制造业与生产性服务业融合效应提升驱动机制

　　任何事物、行为的发展运行都需要在动力要素的驱动下完成，动力不足、动力传导不稳定或者动力匹配不协调等都会给区域装备制造业与生产性服务业融合效应提升带来阻碍。因此，需要构建一套包含动力有效传导、合理组合运用的驱动机制以保障区域装备制造业与生产性服务业融合效应的持续提升。

3.1　区域装备制造业与生产性服务业融合效应提升驱动机制分析

3.1.1　融合效应提升驱动机制的内涵与特征

3.1.1.1　融合效应提升驱动机制内涵界定

　　区域装备制造业与生产性服务业融合效应提升必须在内外驱动要素的协同作用下，合力形成驱动才能实现有效运转。在区域装备制造业与生产性服务业融合效应提升过程中构建高效的驱动机制是保证两大产业融合效应提升效果和效率不可或缺的首要前提。区域装备制造业与生产性服务业融合效应提升驱动机制是指内外部驱动要素如何驱动两大产业融合效应提升的运行方式及各要素间的内在关系。驱动机制不仅对区域装备制造业与生产性服务业融合效应的提升起到原始驱动作用，还包括在装备制造业与生产性服务业融合效应提升过程中的动力有效传导、合理组合运用以及如何在装备制造业与生产性服务业融合效应提升过程中保持长效的驱动作用。

3.1.1.2 融合效应提升驱动机制特征分析

基于对区域装备制造业与生产性服务业融合效应提升驱动机制内涵的分析发现，区域装备制造业与生产性服务业融合效应提升驱动机制具有以下特点：

（1）目的性。

目的是一切事物存在和发展的依据，区域装备制造业与生产性服务业融合效应提升驱动机制的目的是产生强大的动力，推动两大产业融合效应持续提升。为了实现这一目的，各个动力要素的作用方向和强度必须协调一致，并行不悖。

（2）整体性。

整体性是指区域装备制造业与生产性服务业融合效应提升各动力要素相互联系、相互制约，形成一个有机的整体。驱动机制的形成和运行以各个动力要素的功能为基础，各动力要素功能的发挥又有赖于要素之间的整体协调。通过各动力要素的作用，形成融合效应提升的整体动力共同推动区域两大产业融合效应的有效提升。整体性是指通过各动力要素的作用，形成整体动力并共同推动融合效应有效提升。

（3）相干性。

相干性是指区域装备制造业与生产性服务业融合效应提升动力要素之间通过相互联系和作用会产生一种功能放大的现象，并使动力要素间产生反馈效应，从而推动两大产业融合效应持续提升。

3.1.2　融合效应提升驱动机制总体架构

本书将从三个方面来理解驱动机制：分析区域装备制造业与生产性服务业融合效应提升驱动力作用机制，包括装备制造业与生产性服务业融合效应提升的内生驱动力作用和外源驱动力作用；在此基础上，分析内生性驱动力与外源性驱动力的传导过程、传导路径，并构建装备制造业与生产性服务业融合效应提升的驱动力传导模型；最后，在驱动力作用、驱动力传导的基础上，分析并设计区域装备制造业与生产性服务业融合效应提升动力协同作用。综上所述，区域装备制造业与生产性服务业融合效应提升驱动机制主要包括驱动力作用机制、驱动力传导机制、驱动力协同机制，具体如图 3 - 1 所示。

图 3 - 1　两大产业融合效应提升驱动机制总体架构

3.2　区域装备制造业与生产性服务业融合效应提升驱动力作用机制

3.2.1　融合效应提升内生动力驱动作用

3.2.1.1　利益激励的驱动作用

区域装备制造业与生产性服务业融合效应的提升源于人类经济行

为最基本的利润需求和竞争性，其最主要的动因是经济利益，两大产业融合效应提升战略的实施取决于在资源环境约束下能否取得个体经济利益最大化。区域装备制造业与生产性服务业融合效应提升可以降低两大产业融合过程中的交易成本，能极大地培育、发挥装备制造业产业竞争能力，满足生产性服务业发展的需求，促进区域高质量发展。利益驱动促使区域装备制造业与生产性服务业融合效应提升的利益相关者相互作用、彼此互动，为两大产业融合效应提升提供动力支持。为了更清楚地阐明利益对融合效应提升的驱动作用，本书运用经济学领域相关理论模型进一步分析。企业的产出如式（3-1）所示。

$$Q = F(K, L) = AK^{\alpha}L^{\beta} \qquad (3-1)$$

其中，$0 < \alpha < 1$，$0 < \beta < 1$，A 为技术水平，K 为资本投入，L 为劳动力投入。融合能够提高单独一方企业的技术或服务水平并获取利润。然而，融合存在一定风险，如果融合产出带来了预期收益，则看作融合成功，将成功率记为 $\rho(0 < \rho < 1)$。依据风险决策模型可知，企业产出的数学期望服从 0-1 分布，假设融合成功能够使得企业产出翻倍，失败对产出无影响，那么企业产出的数学期望具体如式（3-2）所示。

$$E = \rho[2F(K, L)] + (1 - \rho)F(K, L) = (1 + \rho)AK^{\alpha}L^{\beta} \qquad (3-2)$$

式（3-1）与式（3-2）联立可得，进行融合后，装备制造业企业（记作 emi）与生产性服务业企业（记作 psi）产出的数学期望如式（3-3）、式（3-4）所示。

$$Q'_{emi} = (1 + \rho)Q_{emi} \qquad (3-3)$$

$$Q'_{psi} = (1 + \rho)Q_{psi} \qquad (3-4)$$

则融合后的利润增加值如式（3-5）、式（3-6）所示。

$$\Delta\pi_{emi} = \rho F_{emi} - I \qquad (3-5)$$

$$\Delta\pi_{psi} = \rho F_{psi} - I \qquad (3-6)$$

根据式（3-5）和式（3-6）可知，只有当 $\Delta\pi_{emi} > 0$，$\Delta\pi_{psi} > 0$

时，融合才可视为成功，引入融合效应 μ（$\mu > 0$），μ 越大融合效应越强，假设装备制造业企业自身技术能力为 A_{emi}，生产性服务业企业的服务能力为 A_{psi}，二者融合后出现的"制造 + 服务"水平则记为 $\mu(A_{emi} + A_{psi})$，产出如式（3 - 7）、式（3 - 8）所示。

$$F_{emi}(K, L) = \mu(A_{emi} + A_{psi})(1 + \rho)AK_{emi}^{\alpha}L_{emi}^{\beta} \qquad (3 - 7)$$

$$F_{psi}(K, L) = \mu(A_{emi} + A_{psi})(1 + \rho)AK_{psi}^{\alpha}L_{psi}^{\beta} \qquad (3 - 8)$$

假定装备制造业企业所提供的装备产品价格为 m_{emi}，生产性服务业企业所提供的服务产品价格为 m_{psi}，两个企业利润增加值如式（3 - 9）、式（3 - 10）所示。

$$\Delta\pi_{emi} = m_{emi}\left[\mu(A_{emi} + A_{psi}) - A_{emi}\right](1 + \rho)AK_{emi}^{\alpha}L_{emi}^{\beta} \qquad (3 - 9)$$

$$\Delta\pi_{psi} = m_{psi}\left[\mu(A_{emi} + A_{psi}) - A_{psi}\right](1 + \rho)AK_{psi}^{\alpha}L_{psi}^{\beta} \qquad (3 - 10)$$

为了获得融合收益，要求 $\Delta\pi_{emi} > 0$，$\Delta\pi_{psi} > 0$，即 $\mu(A_{emi} + A_{psi}) - A_{emi} > 0$，$\mu(A_{emi} + A_{psi}) - A_{psi} > 0$。为了保证这一要求能够成立，则期望 μ 值尽可能大，即

$$\mu(A_{emi} + A_{psi}) > A_{emi} + A_{psi} \qquad (3 - 11)$$

结合上式可推出：

$$\mu(A_{emi} + A_{psi}) - A_{emi} > (A_{emi} + A_{psi}) - A_{emi} > 0 \qquad (3 - 12)$$

$$\mu(A_{emi} + A_{psi}) - A_{psi} > (A_{emi} + A_{psi}) - A_{psi} > 0 \qquad (3 - 13)$$

由此可知，$\mu(A_{emi} + A_{psi}) - A_{emi} > 0$，$\mu(A_{emi} + A_{psi}) - A_{psi} > 0$ 存在能够成立的条件，即利益能够有效驱动两大产业融合效应，并实现 $1 + 1 > 2$ 的效应。

3.2.1.2　企业家特质的驱动作用

在一个开放的系统中，环境对融合效应状态的影响是间接的，它们是通过影响管理者决策来促使融合效应的变化。一方面，装备制造业与生产性服务业的发展实力、战略布局、经营策略等直接影响融合的最终效应，而装备制造业与生产性服务业融合效应演化能否实现其

科学化的运行和发展，离不开实现各个驱动主体决策的"帕累托最优"。这些组织中的高层决策者、管理者在装备制造业与生产性服务业融合系统中的核心地位以及其自身具备的洞察力和决策力，使其成为实施融合效应提升战略的主要推动力量；另一方面，共同愿景的塑造离不开企业家的领导思维，企业家的竞争意识能够提高其驾驭不确定性的能力。企业家只有能够迅速地洞察和识别有利于融合发展的市场机会才能迅速抓住市场中未被满足的用户需求并及时制定相应的措施来应对环境变化。此外，企业家正确、客观看待和处理问题的思维方式，能够在工作过程中创造一种充满活力的环境。

3.2.2 融合效应提升外源动力驱动作用

3.2.2.1 市场拉动力的驱动作用

区域装备制造业与生产性服务业融合效应提升的市场拉动力主要包括用户需求升级和市场竞争加剧。

（1）用户需求升级的拉动作用。

用户需求的多样性、复杂性以及装备制造产品的多元化博弈决定了装备制造业与生产性服务业融合效应的提升程度。一方面，用户的创意需求对两大产业融合效应提升起着重要推动作用，需求状况系统反映了公众对融合产品和融合服务的需求，是融合效应提升的原动力。满足不断升级的用户需求是两大产业融合效应提升的出发点，更是两大产业融合效应提升的终极目标之一；另一方面，用户需求升级间接通过供求双方的结构、性质、行为等影响装备制造业与生产性服务业的融合效应提升水平。根据用户的现实需求，有针对性地开发受众市场，才能有效提升装备制造业与生产性服务业融合效应。由此可见，新需求的产生、旧需求的更替以及需求规模的增加都可以拉动并持续影响两大产业融合效应提升。反过来，两大产业融合效应提升活动在满足用户需求的同时又会诱发新需求，从而拉动新一轮产业融合，这样循环往复，使得用户需求升级成为装备制造业与生产性服务业融合效应提升的持续动力。

（2）市场竞争加剧的压力作用。

产品同质化、使用周期较长等问题进一步加剧了市场竞争压力，[102]对装备制造业市场地位的塑造造成了前所未有的冲击。为了保证自身不在竞争中被淘汰、被兼并，取得竞争优势和发展，装备制造企业就必须以各种手段增强自己的竞争实力。从短期效应看，为了获得研发设计优势，必然通过各种方式加强自身研发和设计环节的建设，其中最有效的方式之一就是将产业外的高质量研发设计价值环节进行内部化处理，从而促进了装备制造业与研发和设计等生产性服务业的融合发展；为了获得生产制造优势，装备制造业致力于制造效率的提高和制造质量的改善，追求规模经济和范围经济效应，从而促进了装备制造业与入厂物流和设备维护等生产性服务业的融合发展；为了获得市场竞争优势，装备制造业必然积极寻求与市场营销、人力资源管理和金融业等生产性服务业的深度合作，并在条件允许和适宜的情况下将其进行"内部化"处理，从而进一步促进装备制造业与生产性服务业的融合。从长远看，不断进行技术创新，取得一定时期的技术优势和技术垄断，是维持企业长久生存、取得高额利润的最根本、最可靠的手段。[103]因此，竞争是市场机制激发装备制造业与生产性服务业融合效应提升行为的重要驱动要素。

3.2.2.2　政府支撑力的驱动作用

政府支撑力主要包括区域政府对装备制造业与生产性服务业融合效应提升行为的政策支持、规划引导、环境营造管理等内容。演进经济学认为，政府可以在经济体运行和发展中起"催化剂"的作用，对经济体的支持或干涉都可以决定经济发展路径和改变地区发展轨迹。

（1）政府是区域规划、发展的主体，政府在区域装备制造业与生产性服务业融合效应提升过程中的作用应主要体现在装备制造业与生产性服务业发展政策、融合政策制定的科学性、合理性和适时性，对装备制造业与生产性服务业的扶持力度，市场规范程度等方面。良好的政务环境是装备制造业与生产性服务业融合效应提升行为的重要外部条件。政府相关职能部门必须从战略的高度和整体的角度研究市场，根据市场情况，对装备制造业与生产性服务业融合效应提升行为的现状及未来情况进行分析和预测，制订促进支持装备制造业与生产性服务业融合效应提升行为的政策，制订装备制造业与生产性服务业融合效应提升行为发展规划，引导区域发展，通过经济的、法律的、行政的手段对市场实行必要的调控，[104]用财政、税收、信贷、补贴、价格、土地、金融、政策等手段对产业选择产生作用，引导装备制造业与生产性服务业融合的合理发展，提升装备制造业与生产性服务业竞争力，为装备制造业与生产性服务业融合效应提升行为营造良好的环境。

（2）装备制造业与生产性服务业之间存在着进入壁垒，这使得两大产业间存在着各自的边界，难以进行融合，而进入壁垒的主要原因在于政府的经济性规制。政府经济规制的放松，可以直接降低进入壁垒，更好地促进区域装备制造业与生产性服务业融合效应实现。与此同时，区域装备制造业与生产性服务业融合系统的发展对于区域生态环境可能产生不利影响，主要表现如下：装备制造业的过度发展造成的一氧化碳、硫化氢等空气污染以及污水造成的水质恶化，工业企业规模的大肆扩张造成的土地退化、森林面积减少，以及不合理工业发展产生的废气、尾气排放以及噪声等。这些影响对区域装备制造业与生产性服务业融合可持续发展、供需主体的活动空间、运行效率等产生影响，破坏产业融合系统生态秩序以及系统的稳定性。在政府绿色化发展规制压力下，区域装备制造业与生产性服务业融合效应的提升势在必行。

3.2.2.3　科技推动力的驱动作用

装备制造业与生产性服务业属于技术密集型行业，拥有强大的技术作为支撑，专业性极强。在装备制造业研发、设计阶段，由于两大产业间存在技术差异，生产性服务业可以嵌入装备制造业研发环节推动两大产业的融合发展。在价值链的其他环节，例如管理环节、物流环节、销售环节、售后环节等，技术差异同样影响两大产业的选择，进而促进融合的发展。科技创新通过改善产品物理形态、个性化水平、降低生产成本、改变消费模式等支持装备制造业与生产性服务业融合发展，进而影响融合产业的生产过程、组织结构、市场行为。同时，科技创新培育和吸引科技人才集聚，而科技人才作为制造企业员工的骨干，是组织发展创新能力的重要基础。[105]区域装备制造业与生产性服务业融合过程中，基层技能员工会面临技术升级以及人工智能等带来的工作责任、难度和强度增加等问题。作为高素质人力资本的科技人才通过知识、技术的静态整合与动态重构将其丰富的知识储备传播给基层技能员工，[106]进而实现高低技能劳动力优势互补和有效匹配。并且，科技人才的"信息敏感性"使其能够接触到更为先进的技术与理念，提高企业对新技术、新工艺的认知与吸收能力，以更高标准提升两大产业融合效应。此外，科技人才的"趋群性"促使其凭借地理接近性和相似的知识结构克服产业发展的时间和空间障碍，形成良好的人才沟通、交流机制，提升区域装备制造业与生产性服务业的融合效应。可见，科技创新是区域装备制造业与生产性服务业融合效应提升的根本驱动力，可以改变共生单元的内部组成及相互关系，促进系统结构、功能、运行机制向复杂化发展。[107]这些变化丰富了融合型产品的转化及产品的商品化的实现路径，引发产业融合效应系统涨落，积极推动效应演化。

综上所述，区域装备制造业与生产性服务业融合效应提升驱动力作用机制模型如图3-2所示。

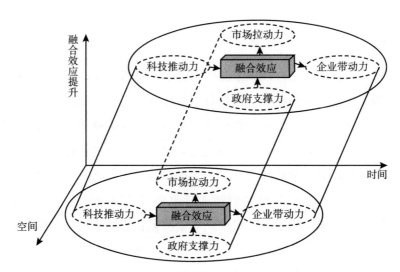

图 3 – 2　两大产业融合效应提升驱动力作用

3.2.3　融合效应提升的驱动力作用模型

3.2.3.1　融合效应提升驱动力作用模型构建

通过对区域装备制造业与生产性服务业融合效应提升驱动力的研究，本书构建了装备制造业与生产性服务业融合效应提升驱动力模型：

H_1：科技创新加快（KJC）驱动装备制造业与生产性服务业融合效应提升（RHX）；

H_2：用户需求升级（YHX）驱动装备制造业与生产性服务业融合效应提升（RHX）；

H_3：市场竞争加剧（SJY）驱动装备制造业与生产性服务业融合效应提升（RHX）；

H_4：政策支持力度（ZFX）驱动装备制造业与生产性服务业融合效应提升（RHX）；

H_5：高层管理者认知（QRZ）驱动装备制造业与生产性服务业融合效应提升（RHX）；

H_6：利益增加（QLY）驱动装备制造业与生产性服务业融合效应提升（RHX）；

H_7：政策支持（ZFX）通过对高层管理者认知（QRZ）作用间接驱动装备制造业与生产性服务业融合效应提升（RHX）；

H_8：科技创新（KJC）通过刺激收益增加（QLY）间接驱动装备制造业与生产性服务业融合效应提升（RHX）；

H_9：科技创新（KJC）通过对高层管理者认知（QRZ）作用间接驱动装备制造业与生产性服务业融合效应提升（RHX）。

H_{10}：用户需求升级（YHX）通过刺激收益增加（QLY）间接驱动装备制造业与生产性服务业融合效应提升（RHX）；

H_{11}：市场竞争加剧（SJY）通过刺激收益增加（QLY）间接驱动装备制造业与生产性服务业融合效应提升（RHX）。

区域装备制造业与生产性服务业融合效应提升动力概念模型如图 3 – 3 所示。

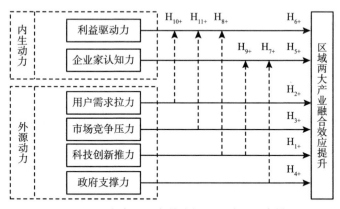

图 3 – 3　两大产业融合效应提升驱动力概念模型

3.2.3.2　融合效应提升驱动力作用模型验证

区域装备制造业与生产性服务业融合效应提升是一个要素多样化、多主体多元性、制度复杂性的系统问题，并且这些要素之间存在着复杂的联系，传统的统计计量分析方法难以处理。

（1）方法选择。

结构方程模型可以较好地处理变量多元化、主体种类多的、涉及因果关系的实证问题，这是传统计量分析技术无法实现的，在一定程度上能够弥补传统方式的不足。因此，本书采用结构方程模型对装备制造业与生产性服务业融合效应提升驱动力模型进行研究。

（2）变量分析。

模型中存在 7 个关于装备制造业与生产性服务业融合效应提升的潜在变量，其中有 4 个属于外衍潜在变量，分别为用户需求拉动力、政策支撑力、市场竞争压力、科技创新推动力；中介变量分别为利益驱动力、认知驱动力；内衍潜在变量为融合效应提升。

观测变量的选择如表 3-1 所示。

表 3-1 两大产业融合效应提升驱动力模型的相关变量

变量名称	变量种类	代码	测量指标	指标来源
科技创新 （KJC）	外衍潜在 变量	N_{11}	科技创新研发资金投入	马君等[108]
		N_{12}	科技创新资金的覆盖面	
		N_{13}	科技创新成果转化程度	
		N_{14}	科创资金来源的广泛性	
市场竞争 （SJY）	外衍潜在 变量	N_{21}	竞争对手营销策略	马君等[108]
		N_{22}	新产品更新换代程度	
用户需求 （YHX）	外衍潜在 变量	N_{31}	市场需求关注度	郭树龙[109] 徐振鑫等[110]
		N_{32}	服务需求	
		N_{33}	新产品的市场需求满足度	
政府支撑 （ZFX）	外衍潜在 变量	N_{41}	进入壁垒降低	王晓红等[111] 夏康等（Kang Xia, 2019）[112]
		N_{42}	融合平台建立	
		N_{43}	资金支持政策	
		N_{44}	信息通道建立	

续表

变量名称	变量种类	代码	测量指标	指标来源
利益驱动（QLY）	中介变量	N_{51}	管理环节成本降低	姜铸等[113]佩图霍娃等（Petukhova, 2018）[114]
企业家认知（QRZ）	中介变量	N_{61}	认可效应提升	李庆雪[115]
		N_{62}	发展战略决策	
		N_{63}	决策风险担当	
融合效应（RHX）	内衍潜在变量	N_{71}	融合效应水平	王成东[4]

（3）数据获取与检验。

本书数据均来自调查问卷。根据理论模型对最初的问卷进行设计，采取专家评审、小组讨论以及模拟试填等步骤，以确保调查问卷的质量。调查问卷通过电子邮件、纸质邮件及手机问卷的形式共发放240 份，收回 196 份，回收比例 81.7%，其中有效问卷 187 份，有效回收比例为 95.4%。有效问卷中，装备制造业相关从业人员占比30.19%、生产性服务业相关从业人员占比 23.2%、客户企业相关人员占比 18.4%、高校相关研究人员占比 9.7%、科研机构人员占比13.1%、政府相关人员占比 5.41%。本书通过 SPSS22.0 对实证数据的描述性统计结果显示，实证数据的偏度值范围为 [-1.405，2.441]，峰度值范围为 [-0.057，2.808]，这表明此次调查问卷获取的实证数据适用于 SEM 模型；并且，本书运用 SPSS22.0 对测量题项进行探索性因子分析，结果显示两大产业融合效应提升驱动力中第一个因子的解释变异量为 29.6%（小于 40%），这表明此次调查问卷实施过程中，被试者容易产生的共同方法偏差现象不会影响结论的可靠性。

（4）信效度分析。

信度分析的本质是检验样本是否真实作答研究者设置的量变题

项，只要体现测验结果的可信程度、可靠程度和稳定性。目前，检验信度最常用的方法为判断 *Cronbach's a* 系数值，当 *Cronbach's a* 系数值大于 0.7，我们可以认为样本测验结果是可信可靠的。在此，本书采用 SPSS22.0 检验所有潜变量的 *Cronbach's a* 值，各变量的 *Cronbach's a* 系数如表 3-2 所示。

表 3-2   量表信度分析

变量	CR	解释方占比（%）	KMO	Cronbach Alpha
KJC	0.914	63.048	0.852	0.879
SJY	0.885	56.218	0.831	0.822
YHX	0.914	69.357	0.865	0.903
ZFX	0.863	70.156	0.821	0.842
QLY	0.936	58.341	0.903	0.921
QRZ	0.812	59.053	0.825	0.799
RHX	0.891	55.698	0.843	0.857

由表 3-2 可知，各个变量的系数范围在 [0.874，0.923] 之间且均大于 0.7，这表明本次关于区域装备制造业与生产性服务业融合效应提升驱动力的调查问卷具有较好的信度效果。并且，各个驱动力变量的 *KMO* 值均大于 0.7 的统计要求，[46] 各驱动力测量指标因子载荷范围在 [0.781，0.882] 之间且均大于 0.5。在量表信度分析中，各个驱动力的标准误差没有负值，临界比值范围在 [7.293，9.875] 之间，绝对值均大于 2.58 并达到 0.01 显著水平。此外，各驱动力变量的因子载荷系数均大于 0.5，且各驱动力变量的解释方差占比都远大于临界值 30%，这表明区域装备制造业与生产性服务业融合效应提升驱动力的各个变量具有较高的收敛效度。

（5）模型拟合过程。

本书参照文东华等（2014）提出的拟合度评价指标[116]进行评估

模型拟合度检验，检验结果如表 3 - 3 所示。由表 3 - 3 可知，需要对区域装备制造业与生产性服务业融合效应提升驱动力的初始模型进行修正。本书选取估计变量参数值不显著的 $KJC{\rightarrow}QRZ{\rightarrow}RHX$ 路径。通过分析发现，当科技创新带来的装备制造业与生产性服务业融合效应提升收益远小于提升成本时，科技创新反而会影响高层管理者的融合效应提升决策。在不影响理论模型合理的情况下，本书将删除"科技创新通过对高层管理者认知作用间接驱动装备制造业与生产性服务业融合效应提升"这一理论假设，即删除 $KJC{\rightarrow}QRZ{\rightarrow}RHX$ 路径。经过修正的装备制造业与生产性服务业融合效应提升驱动力模型的拟合指标，大部分符合基本推荐值，如表 3 - 3 所示。

表 3 - 3　　　　　　　　　结构方程模型的拟合结果

拟合指标	模型指标值	推荐值	判断情况
P	0.224	> 0.05	是
$RMSEA$	0.012	< 0.08	是
RMR	0.048	< 0.05	是
RFI	0.954	> 0.90	是
$AGFI$	0.834	> 0.80	是
GFI	0.897	> 0.90	基本符合
NFI	0.934	> 0.90	是
$PNFI$	0.775	> 0.50	是
IFI	0.923	> 0.90	是
χ^2/df	1.065	< 3	是
CFI	0.956	> 0.90	是
简约拟合优度指数	0.623	> 0.50	是

只有 $RMSEA$ 是 0.012，低于 0.08 的推荐值，GFI 为 0.897，略低于 0.9 的推荐值。同时发现，模型的指标拟合普遍在可接受的取值范围内，模型的拟合效果能够较好地反映实际情况，且标准化路径系数均达到显著，路径系数和显著性水平如图 3 - 4 所示。

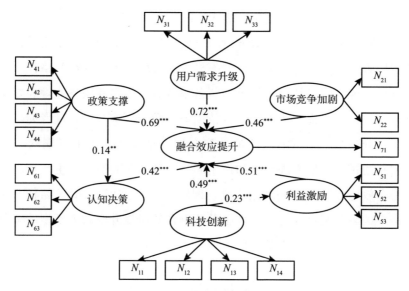

图 3-4　修正后的全模型路径图及参数估计结果

注：*** 表示 $P < 0.001$，** 表示 $P < 0.01$，* 表示 $P < 0.05$。

3.2.3.3　融合效应提升驱动力作用结果分析

结果分析如下：

（1）除"科技创新通过对高层管理者认知作用间接驱动装备制造业与生产性服务业融合效应提升"的假设未通过外，其余假设均得到支持；科技创新（0.49，$P < 0.001$）、用户需求（0.72，$P < 0.001$）、市场竞争加剧（0.46，$P < 0.01$）、高层管理者认知（0.42，$P < 0.001$）、利益增加（0.51，$P < 0.001$）正向驱动装备制造业与生产性服务业融合效应提升；科技创新（0.23，$P < 0.001$）、政府支持（0.14，$P < 0.01$）还可以通过作用于其他动力间接驱动融合效应提升。各动力对装备制造业与生产性服务业融合效应提升的驱动效应降序排列为政府支撑、企业带动、科技创新推动、市场竞争加剧、用户需求升级。

（2）外源驱动力与内生驱动力密切关联。科技创新可以改变装备制造业与生产性服务业融合方式，降低融合成本，增加融合收益。

并且，科技创新带来的技术差异会促使企业高层管理者为获取更多的发展机遇而增强对装备制造业与生产性服务业融合效应提升的决策支持力。因此，科技创新不仅直接驱动装备制造业与生产性服务业融合效应提升，也通过促进收益增加、增强高层管理者的决策支持间接驱动装备制造业与生产性服务业融合效应提升。此外，政策支持越多，高层管理者就越容易对装备制造业与生产性服务业融合效应提升行为持支持态度。

3.3　区域装备制造业与生产性服务业融合效应提升驱动力传导机制

3.3.1　融合效应提升驱动力传导过程

由上文的模型检验结果分析可知，区域装备制造业与生产性服务业融合效应提升驱动力之间存在耦合关系。李婉红等（2011）在其对信息化条件下工艺创新的动力传导分析时提出了"外部动力嵌入—内外部动力聚合—合力扩张"框架，并认为外部动力嵌入是先导，内外聚合是关键，合力扩张是目的。[117]本书以此为借鉴，将装备制造业与生产性服务业融合效应提升驱动力传导过程分为外源驱动力嵌入阶段、内生—外源驱动力聚合阶段以及内生—外源驱动力合力阶段。

3.3.1.1　外源驱动力嵌入阶段

区域装备制造业与生产性服务业融合效应提升并非一个持续的事件，而是经过时间积累以后在某个时间点，融合效应从一个水平向另一个水平的提升，即融合效应的突变过程。在环境助动力的作用和影响下，形成融合效应提升的外源驱动力。外源驱动力是装备制造业与生产性服务业融合效应提升的重要动力，是在融合外部市场、政府等主体作用下自发产生的动力。由上文分析可知，用户需求升级、市场竞争加剧是装备制造业与生产性服务业融合效应提升的直接动力，政策支撑、科技创新是装备制造业与生产性服务业融合效应提升的关键动力。可见，外源驱动力是装备制造业与生产性服务业融合效应提升的必要动力。

3.3.1.2　内生—外源驱动力聚合阶段

区域装备制造业与生产性服务业融合效应附加值增加产生的利益驱动、高层管理者认知驱动是两大产业融合效应提升的内生驱动力。在没有外源驱动力输入时，内生驱动力为装备制造业与生产性服务业融合效应提升提供主要动力。然而，外源驱动力和内生驱动力均存在不足之处。完全的内生驱动力运行会使融合效应提升受到极大阻力，难以掌握融合效应提升程度，存在失误的可能。完全的外源驱动力运行不符合融合效应提升活动的客观需求，只运用行政手段、科技创新以及市场竞争等手段推动融合效应提升难以满足高收益需求。因此，以融合效应提升目标与需求为导向，形成内外动力聚合就显得尤为重要。当外源驱动力以主动形式或被动方式嵌入装备制造业与生产性服务业融合效应提升活动后，内外驱动要素会产生聚合反应，这种聚合反应主要表现在不同动力在动力作用方式、作用强度等方面发生内在变化。

3.3.1.3　内生—外源驱动力协同阶段

动力要素的识别、动力作用的分析并不是最终目的，只有当动力要素形成协同才能对装备制造业与生产性服务业融合效应提升起到实际的推动作用。区域装备制造业与生产性服务业融合效应的提升并不是在一种动力或几种动力独立作用下推动的，而是外源性动力和内生性动力聚合后协同驱动的结果。在该阶段，装备制造业与生产性服务业融合效应提升的动力要素并不是单独存在的，而是存在着复杂的相互联系，外源驱动力嵌入并与内生驱动力形成"内生—外源"协同力驱动装备制造业与生产性服务业融合效应的提升。

3.3.2　融合效应提升驱动力传导路径

3.3.2.1　外源驱动力嵌入阶段的传导路径

在外源驱动力嵌入阶段主要依靠两种路径：一是区域装备制造企业与生产性服务企业中的高层决策者时刻关注融合系统外部环境的变化，通过主动搜索与识别行为能够准确判断市场需求、政策导向及科学技术创新外部变化。而外部的这种变化一旦发生，将迅速转化为区域两大产业融合效应提升的外源驱动力，并嵌入装备制造业与生产性服务业融合效应提升过程中，为之提供驱动作用；二是区域装备制造企业与生产性服务企业并不刻意关注外部环境的变化，而是作为这种变化的被动接受者，当外部环境的变化达到一定阈值，这种变化将潜移默化地转化为外部动力缓慢输入到装备制造业与生产性服务业融合效应提升过程中并为之提供驱动作用。

3.3.2.2　内生—外源驱动力聚合阶段的传导路径

内生驱动力与外源驱动力的聚合过程需要通过一定的途径来实现。概括来说主要有以政府政策、市场竞争信息为基础的传递途径，以及以高层决策者、管理者认知为基础和主导的响应途径。一方面，伴随环境的动态多变，信息传递的有效性成为影响装备制造业与生产性服务业融合效应提升的关键环节。另一方面，高层决策者、管理者根据外界环境变化，通过观测和利用市场潜在机会，进而响应装备制造业与生产性服务业融合效应提升过程中外界环境的变化。

3.3.2.3　内生—外源驱动力协同阶段的传导路径

内生驱动力与外源驱动力的协同作用下，区域内装备制造企业、生产性服务企业的共同偏好决定了装备制造业与生产性服务业融合效应提升的作用结果。本书根据动力要素的相关分类，将区域装备制造业与生产性服务业融合效应提升的驱动力协同作用划分为内生驱动力主导的动力协同作用和外源驱动力主导的动力协同作用。内生性动力主导的动力协同作用是指以利益驱动、高层决策认知支持力等驱动要素为主导，以激发区域装备制造业与生产性服务业融合效应提升为目的，并根据企业导向，进行装备制造业与生产性服务业融合效应提升的资源配置，进而推动融合效应提升的进程。外源驱动力主导的动力协同作用是指以政府政策、科技创新驱动要素为主导的，以促进装备制造业与生产性服务业融合效应提升为目的，根据政府政策导向，进行装备制造业与生产性服务业融合效应提升的资源配置，进而推动融合效应水平持续提升的方式。

3.3.3 融合效应提升驱动力传导模型

基于区域装备制造业与生产性服务业融合效应提升驱动力传导过程、传导路径的分析结果，构建两大产业融合效应提升驱动力传导模型，如图 3 – 5 所示。

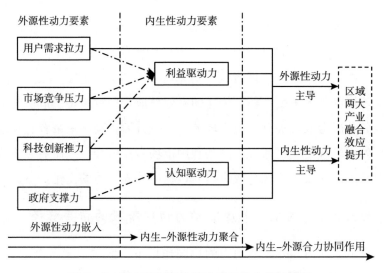

图 3 – 5 两大产业融合效应提升动力传导路径

3.4　区域装备制造业与生产性服务业融合效应提升驱动力协同机制

3.4.1　融合效应提升驱动力协同主导要素

区域装备制造业与生产性服务业融合效应提升驱动力传导表明各驱动力之间存在错综复杂的相互关系，并形成了复杂网络结构。但我们更关心的是，这些驱动力在装备制造业与生产性服务业融合效应提升驱动机制中充当什么角色？它们又是怎样相互配合从而使提升驱动机制得以顺利运行的？基于此，本书利用社会网络分析模型判断各驱动力的地位和作用，以期识别装备制造业与生产性服务业融合效应提升的主导动力，从而为驱动机制的运行分析奠定基础。

本次咨询的对象主要是从事装备制造业研究的专家和管理人员，共 15 位。此次咨询工作要求专家针对装备制造业与生产性服务业融合效应提升驱动力之间的关系进行打分，并将驱动力联系的密切程度分别表示为 1（表示关系密切）、0.5（表示仅保持一般的联系）、0（表示没有联系）。在经过权重处理、专家调整并保证结果达成一致后，利用德尔菲法建立装备制造业与生产性服务业融合效应提升驱动要素间的关系权重矩阵。表 3 – 4 的数据是各驱动因素之间的直接关联矩阵，本书依据投入产出分析法的完全消耗系数测度装备制造业与生产性服务业融合效应提升驱动力关系，如式（3 – 14）所示。

$$B = A + C \qquad\qquad (3-14)$$

式中，A、B、C 分别表示装备制造业与生产性服务业融合效应提升驱动力间的直接消耗系数、完全消耗系数以及全部间接消耗系数。

表 3 - 4　　　　　　　　　**驱动力直接关联系数矩阵**

驱动力	ZFX	YHX	SJY	KJC	QLY	QRZ	RHX
ZFX	0	0	0	0	0	0.14	0.69
YHX	0	0	0	0	0	0	0.72
SJY	0	0	0	0	0	0	0.46
KJC	0	0	0	0	0	0	0.49
QLY	0	0	0	0.23	0	0	0.51
QRZ	0	0	0	0	0	0	0.42
RHX	0	0	0	0	0	0	0

$$A = \left[a_{ij} \right]_{n \times n} C = B \times A \qquad (3-15)$$

在式（3-15）中，a_{ij} 为区域装备制造业与生产性服务业融合效应提升驱动力因素 j 对驱动力因素 i 的消耗；C 为区域装备制造业与生产性服务业融合效应提升驱动力间的全部间接消耗，通过式（3-14）和式（3-15）可得式（3-16）。

$$B = (1 - A)^{-1} - I \qquad (3-16)$$

在式（3-16）中，I 为同阶单位矩阵，B 为完全消耗系数矩阵。计算后得到区域装备制造业与生产性服务业融合效应提升驱动力完全关联系数矩阵，如表3-5所示。

表 3 - 5　　　　　　　　　**驱动力完全关联矩阵**

驱动力	ZFX	YHX	SJY	KJC	QLY	QRZ	RHX
ZFX	0	0	0	0	0	0.23	0.51
YHX	0	0	0	0	0	0	0.77
SJY	0	0	0	0	0	0	0.41
KJC	0	0	0	0	0	0	0.63
QLY	0	0	0	0.19	0	0	0.52
QRZ	0	0	0	0	0	0	0.31
RHX	0	0	0	0	0	0	0

　　应用 UCINET6.0 软件绘制区域装备制造业与生产性服务业融合效应提升驱动力复杂网络结构图，如图 3 - 6 所示。

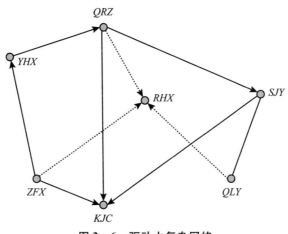

图 3 - 6　驱动力复杂网络

　　（1）融合效应提升驱动力点度中心度。

　　本书利用点度中心度、中间中心度研究各动力要素在两大产业融合效应提升驱动力复杂网络中的特征。点度中心度侧重于度量一个节点与其他节点直接相连的数目。在有向的复杂网络中，网络节点的点度中心度分为点出度和点入度。点出度即为由该节点出发，向外发射的度数，表征该节点对其他节点的影响能力，而点入度则是由其他节点进入该节点的度数，表示该节点受其他节点影响的程度。中间中心度则侧重于衡量该节点在多大程度上控制与之相邻两节点之间的关联，从而体现某一节点在整个复杂网络中的控制能力，计算得到区域装备制造业与生产性服务业融合效应提升动力因素的点度中心度，如表 3 - 6 所示。

表 3 - 6　　　　　　　　　　　驱动力点度中心度

动力因素	点出度	点入度	相对点出度	相对点入度
ZFX	1. 131	0	21. 843	0
YHX	0. 83	0. 128	15. 588	2. 408
SJY	0. 63	1. 025	11. 844	19. 258
KJC	0. 536	0. 242	10. 067	4. 548
QLY	0. 372	0	7. 294	0
QRZ	0. 457	0	8. 578	0
RHX	0	1. 032	0	18. 423

通过表 3 - 6 可以看出：（1）1. 131 和 21. 843 分别为政府支撑动力的点出度、相对点出度，点入度为零。由此可以看出，政府支撑动力是整个融合效应提升动力系统的动力来源和初始动力；（2）企业带动力的点出度、相对点出度分别为 0. 372、0. 457 和 7. 294、8. 578，这表明企业带动力是纯出度因素，只是影响力弱于政府支撑动力模块；（3）两大产业融合效应水平作为驱动因素，其点入度和相对点入度分别为 1. 032 和 18. 423，是纯入度的驱动力因素，说明其只接受其他因素的驱动，而不对其他因素提供动力，是整个动力体系最终的输出端，也是整个动力体系最终的驱动目标；（4）其他驱动力因素都属于中间驱动力因素，虽然点出度、点入度均存在，但各不相同。

本书通过比较这些驱动力因素的点出度和点入度之比，对其动力特性进行分析，如表 3 - 7 所示。

表 3 - 7　　　　　　　　　　驱动力点出度与点入度之比

动力因素	YHX	SJY	KJC
点出度与点入度比值	6. 484375	0. 614634	2. 214876

由此可以看出，政府支撑力和企业带动力是动力源，装备制造业与生产性服务业融合效应水平驱动力是目标动力，其余动力因素均为被动因素。所以，在区域装备制造业与生产性服务业融合效应提升进程中，需要重点对动力源和能动因素进行分析和制度保障，这样才能为装备制造业与生产性服务业融合效应提升提供持续动力。

（2）融合效应提升驱动力中介中心度分析。

中介中心度则侧重于衡量该节点在多大程度上控制与之相邻两节点之间的关联，从而体现某一节点在整个复杂网络中的控制能力。中介中心度越大，表明其在整个网络中的地位越重要，所能够控制的资源和信息也就越多，是整个驱动力体系的核心部件。应用UCINET6.0软件计算各驱动力因素的中介中心度，如表3-8所示。

表 3-8　　　　　　　　　　　驱动力中介中心度

中心度	动力因素						
	YHX	SJY	KJC	RHX	QLY	QRZ	ZFX
中介中心度	0.533	2.4	1.233	0	0	0	0
非中介中心度	1.43	5.481	2.937	0	0	0	0

由表3-8可知，科技创新、市场竞争和用户需求动力因素的中介中心度最大，这说明这三个动力因素在整个驱动力体系中起着重要的交通枢纽作用，并控制整个提升动力体系的资源和信息。这些动力因素是装备制造业与生产性服务业融合效应提升动力体系中的动力传输因素，发挥着重要的枢纽作用。通过对区域装备制造业与生产性服务业融合效应提升动力因素的社会网络分析及其结果可知，政府支撑力和企业带动力主导着装备制造业与生产性服务业融合效应提升驱动机制协同运行方向。

3.4.2 融合效应提升驱动力协同演化博弈

区域装备制造业与生产性服务业融合效应提升驱动机制的运行过

程中，政府、企业两大主导动力源长期、稳定的协同关系是支撑融合效应提升动力驱动能力构建的重要性基础。但由于跨组织的协同会产生我们不可全部预知的高成本、高风险，可能会出现政府、企业的非协同关系倾向，或者在二者协同关系建立的过程中，一方退出协同关系，进而破坏区域装备制造业与生产性服务业融合效应提升驱动机制运行的稳定性。由此可见，装备制造业与生产性服务业融合效应提升驱动机制的运行过程，是企业、政府两大主导动力源围绕是否构建协同关系进行融合效应提升动力驱动而产生的一个长期且稳定的重复博弈过程。

依据区域装备制造业与生产性服务业融合效应提升动力作用分析可知，政府与企业的协同过程与各方协同意愿、收益、成本等诸多因素密切相关，这些因素的变化导致了政府与企业的协同过程具有较高的不稳定性。在此基础上，本书构建装备制造业与生产性服务业融合效应提升主导动力的演化博弈模型。

3.4.2.1　基本假设

基本假设如下：

（1）存在政府与企业两类博弈主体，策略集均为 ｛协同，不协同｝，协同策略下双方共同完成区域装备制造业与生产性服务业融合效应提升的动力驱动过程，不协同策略下双方独立主导进行动力驱动，博弈主体均依据协同过程获得收益与付出成本的利益权衡进行决策，且博弈过程遵循"复制动态"原理，即双方会改变现有策略，转向具有较高收益的策略，直至达到均衡状态。

（2）当政府与企业均选择不协同时，收益分别记为 α_1、α_2，（α_1，$\alpha_2 > 0$），付出成本分别为 β_1、β_2（β_1、$\beta_2 > 0$）。当政府与企业均选择协同策略时，动力协同效应具体表现为融合效应水平的提高和融合效应提升成本的降低。用 ϖ 表示协同系数，其值越大，表示两大动力序参量的协同效应越强。由于本书试图探讨政府与企业的协同演化趋势，不深入分析数值比例关系，因此，用 ϖ、$1/\varpi$ 分别代表两个序参量收益提高与成本降低系数，即双方协同进行动力驱动的总成本和总收益分别为 $(1/\varpi)I = (1/\varpi)(\beta_1 + \beta_2)$、$\varpi\alpha = \varpi(\alpha_1 + \alpha_2)$；博弈过程中市场主导的成本及收益分配系数分别为 δ、$1/\kappa$，政府主导的成本及收益分配系数分别为 $1 - \delta$、$1 - k$。

（3）选择不同策略时，协同关系无法建立，博弈双方均获得独立收益，违约成本记为 c。此外，对于政府而言，选择与某一企业导向动力进行动力驱动则意味着放弃与其他动力的协同机会，存在一定的机会成本，记为 A。

设 x、y 分别为企业导向、政府导向选择动力协同策略的概率，$1 - x$、$1 - y$ 分别表示二者选择不协同策略的概率。由此得到区域装备制造业与生产性服务业融合效应提升驱动力协同演化博弈系统的收益矩阵，如表 3-9 所示。

表 3-9　　　　　　　　　　　博弈双方收益矩阵

企业导向策略		政府导向	
		协同（y）	不协同（$1-y$）
企业导向	协同（x）	$\alpha_1 + \kappa\varpi\alpha - \sigma\frac{1}{\varpi}\beta$, $\alpha_1 + c - \beta_1$	$\alpha_1 + c - \beta_1$, $\alpha_2 - c$
	不协同（$1-x$）	$\alpha_1 - c$, $\alpha_2 + c - \beta_2 - A$	α_1, α_2

3.4.2.2　演化稳定性分析

由表 3-9 可知，在复制动态的演化博弈分析方法中，企业导向选择动力协同策略、不协同策略的期望收益 P_{1i}、P_{2i} 如式（3-17）、（3-18）所示。

$$P_{1i} = y\left[\alpha_1 + \kappa\varpi\alpha - \sigma\frac{1}{\varpi}\beta\right] + (1-y)(\alpha_1 + c - \beta_1)$$

$$= y\left(\kappa\varpi\alpha - \sigma\frac{1}{\varpi}\beta - c + \beta_1\right) + \alpha_1 + c - \beta_1 \qquad (3-17)$$

$$P_{2i} = y(\alpha_1 - a) + (1-y)\alpha_1 = \alpha_1 - cy \qquad (3-18)$$

设 $d = \kappa\varpi\alpha - \sigma\dfrac{1}{\varpi}\beta - c + \beta_1$，$e = \alpha_1 + c - \beta_1$，则市场导向平均期望收益 P_i' 如式（3-19）所示。

$$P_i' = xP_{1i} + (1-x)P_{2i} = (d+c)xy + (e-\alpha_1)x + \alpha_1 - cy$$
$$(3-19)$$

政府导向选择协同策略和不协同策略的期望收益 P_{j1}、P_{j2} 如式（3-20）、（3-21）所示。

$$P_{j1} = x\left[\alpha_2 + (1-\kappa)\varpi\alpha - (1-\sigma)\frac{1}{\varpi}\beta\right] + (1-y)(\alpha_2 + c - \beta_2 - A)$$

$$= x\left[(1-\kappa)\varpi\alpha - (1-\sigma)\frac{1}{\varpi}\beta + \beta_2 + A - c\right] + \alpha_2 + c - \beta_2 - A$$

$$(3-20)$$

$$P_{j2} = x(\alpha_2 - c) + (1-x)\alpha_2 = \alpha_2 - cx \qquad (3-21)$$

设 $g = (1-\kappa)\varpi\alpha - (1-\sigma)\dfrac{1}{\varpi}\beta + \beta_2 + A - c$，$h = \alpha_2 + c - \beta_2 - A$，则政府导向的期望收益 P_j' 如式（3-22）所示。

$$P_j' = xP_{1i} + (1-x)P_{2i} = (d+c)xy + (e-\alpha_1)x + \alpha_1 - cy$$

$$(3-22)$$

得到 x、y 的复制动态方程如式（3-23）、式（3-24）所示。

$$F_{(x)} = \frac{\mathrm{d}x}{\mathrm{d}t} = x(P_{1i} - P_i') = x(1-x)\left[y(d+c) + e - \alpha_1\right] \quad (3-23)$$

$$G_{(y)} = \frac{\mathrm{d}y}{\mathrm{d}t} = y(P_{j1} - P_j') = y(1-y)\left[x(g+c) + h - \alpha_2\right] \quad (3-24)$$

由 $F_{(x)} = 0$，$G_{(y)} = 0$ 可得，政府与企业构成的动力驱动系统中存在 $(0,0)$、$(0,1)$、$(1,0)$、$(1,1)$、$\left[(\alpha_2 - h)/(g+c), (\alpha_1 - e)/(d+c)\right]$ 5 个局部均衡点。根据弗里德曼（Friedman）提出的方法，系统的演化稳定策略可由该系统的雅克比矩阵的局部稳定性分析

得到，对 $F_{(x)}$、$G_{(y)}$ 依次求出关于 x、y 的偏导数，得到系统的雅克比矩阵如式（3-25）所示。

$$J = \begin{bmatrix} (1-2x)\left[y(d+c)+e-\alpha_1\right] & x(1-x)(d+c) \\ y(1-y)(g+c) & (1-2y)\left[(g+c)x+h-\alpha_2\right] \end{bmatrix}$$

$$(3-25)$$

矩阵的行列式如式（3-26）所示。

$$Det(J) = (1-2x)\left[y(d+c)+e-\alpha_1\right](1-2y)\left[(g+c)x+h-\alpha_2\right]$$
$$+ xy(1-x)(1-y)(d+c)(g+c) \qquad (3-26)$$

矩阵的迹如式（3-27）所示。

$$Tr(J) = (1-2x)\left[y(d+c)+e-\alpha_1\right] + (1-2y)\left[(g+c)x+h-\alpha_2\right]$$

$$(3-27)$$

进而可以得出关于 5 个均衡点的雅克比矩阵行列式和轨迹的结果如表 3-10 所示。因为 x、y 表示博弈双方选择某种策略的概率，所以有 $0 \leqslant x$，$y \leqslant 1$，$x = (\alpha_2 - h)/(g+c) \geqslant 0$，$y = (\alpha_1 - e)/(d+c) \geqslant 0$，可得 $(\alpha_1 - e) \geqslant 0$、$(\alpha_2 - h) \geqslant 0$。在此基础上，根据系统稳定性的判定条件，对 5 个局部均衡点进行稳定性分析，结果如表 3-10 所示。

表 3-10　　　　　　　　均衡点局部稳定性分析结果

均衡点	$Det(J)$	符号	$Tr(J)$	符号	局部稳定性
$O(0, 0)$	$(e-\alpha_1)(h-\alpha_2)$	$+$	$(e-\alpha_1)+(h-\alpha_2)$	$-$	ESS
$A(0, 1)$	$-(e-\alpha_1)(g+ch-\alpha_2)$	$+$	$-(e-\alpha_1)+$ $(g+ch-\alpha_2)$	$+$	不稳定点
$B(1, 0)$	$-(d+c+e-\alpha_1)(h-\alpha_2)$	$+$	$(d+c+e-\alpha_1)-$ $(h-\alpha_2)$	$+$	不稳定点
$C(1, 1)$	$(d+c+e-\alpha_1)(g+c+h-\alpha_2)$	$+$	$(d+c+e-\alpha_1)$ $(g+c+h-\alpha_2)$	$-$	ESS
$D\left(\dfrac{\alpha_2-h}{g+c}, \dfrac{\alpha_1-e}{d+c}\right)$	$(\alpha_1-e)(\alpha_2-h) \times$ $\dfrac{(g+c)-(\alpha_2-h)}{g+c}\dfrac{(d+c)-(\alpha_1-e)}{d+c}$	$-$	0	/	鞍点

分析发现，在 5 个均衡点中，点 $O(0, 0)$ 与点 $C(1, 1)$ 表示区域装备制造业与生产性服务业融合效应提升企业主导、政府主导的动力协同演化的稳定策略。因此，相对应的动力主导策略组合为（不协同，不协同）、（协同，协同），点 $A(0, 1)$ 与点 $B(1, 0)$ 为不稳定点，点 $D(x^*, y^*)$ 为鞍点，动态演化过程如图 3 - 7 所示。

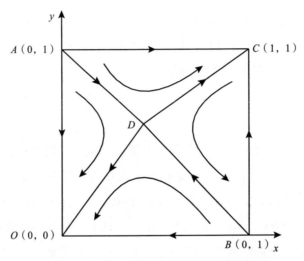

图 3 - 7　政府与企业协同驱动演化博弈相图

分析表明，双方长期博弈的结果具有两种稳定均衡状态，即双方都采取协同策略或双方都采取不协同策略。在区域 $AOBD$ 中，系统将收敛于点 $O(0, 0)$，这意味着政府与企业将单独进行动力驱动，即企业主导型动力运行与政府导向型动力运行，这是演化的非理想状态；折线下方的部分（区域 $ADBC$），系统将收敛于点 $C(1, 1)$，政府与企业将采取协同策略，是演化的理想状态。由此可得到结论：政府与企业构成的动力驱动系统存在（协同，协同）、（不协同，不协同）两个演化稳定策略。

3.4.2.3　演化博弈模型求解

为探究政府与企业驱动模式对驱动机制运行的影响，对前文得到的演化博弈模型进行求解，并运用 Matlab 进行数值仿真分析。

图 3 - 7 中，区域 $AOBD$ 和 $ADBE$ 的面积表示政府与企业选择（协同、协同）、（不协同，不协同）两种策略的可能性，区域 $ADBE$ 的面积越大，区域 $AOBD$ 的面积越小，表示系统向协同状态演化的概率越大。反之，系统向不协同状态演化的概率越大。因此，可以用区域 $ADBE$ 的面积表示博弈双方最终选择协同策略的概率。为方便计算，选取 $AOBD$ 的面积作为表征变量，对演化博弈结果的影响因素进行分析。由图 3 - 7 可知，区域 $AOBD$ 的面积 S 如式（3 - 28）所示。

$$S = \frac{1}{2}(x^* + y^*) = \frac{1}{2}\left(\frac{\alpha_1 - e}{d + c} + \frac{\alpha_2 - h}{g + c}\right) \qquad (3 - 28)$$

求 S 关于协同系数 ϖ 的一阶偏导数可得式（3 - 29）。说明随着协同系数 ϖ 的增大，区域 $AOBD$ 的面积减小，区域 $ADBE$ 的面积逐渐增大，即政府与企业的协同效应越强，二者协同进行动力驱动运行的可能性越大。

$$\frac{\partial S}{\partial \lambda} < 0 \qquad (3 - 29)$$

3.4.2.4　演化博弈模型仿真分析

为了验证上述结论并进一步分析动力协同效应对驱动机制运行的影响，运用 Matlab 软件进行数值模拟分析。

对协同系数与博弈双方采取协同策略概率的数值关系进行仿真。设定初始参数 $\delta = 0.3$，$\kappa = 0.4$，$\alpha_1 = 18$，$\alpha_2 = 13$，$\beta_1 = 13$，$\beta_2 = 8$，$c = 0.8$，$A = 0.5$，$x_0 = 0.4$，$y_0 = 0.6$，政府与企业的协同系数 ϖ 分别设定为 0.8、1.0、1.2，得到系统的博弈演化过程，如图 3 - 8 所示。当 ϖ 取 0.8 时，系统最终收敛于（0，0），即最终博弈双方均采取不

协同策略，当 ϖ 取 1.0、1.2 时，系统最终收敛于（0，0）点和（1，1）点，且随着 ϖ 的增加，系统收敛于（1，1）的概率逐渐增大。即在（0.8，1.0）范围内存在某一阈值，当协同系数低于该阈值时，政府与企业这两个博弈双方最终均采取不协同驱动两大产业融合效应提升的策略。当协同系数高于该阈值时，随着协同系数的增加，政府与企业这两个博弈双方均采取协同驱动两大产业融合效应提升策略的概率逐渐增大。在协同系数高于阈值的情况下，取 $\varpi = 1.2$、1.4、1.6，得到系统的演化路径如图 3 - 8 所示。

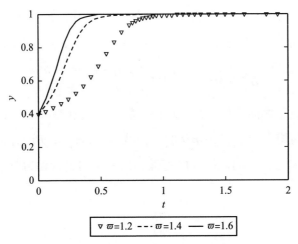

图 3 - 8　变化对驱动机制运行的影响

　　由图 3 - 8 可知，随着 ϖ 的增加，系统收敛于（1，1）的速度逐渐加快，即协同系数高于阈值时，随着协同系数的增加，系统的演化速度逐渐加快。由此得出如下结论：（协同，协同）是企业与政府主导决策的理想演化状态，当协同系数高于某一阈值时，随着协同系数的增加，二者向（协同，协同）理想状态演化的可能性越大，演化速度越快。

3.4.3 融合效应提升驱动力协同作用模型

在内生性动力主导的动力协同作用下,收益增加动力与高层决策认知的支撑力推动了装备制造业与生产性服务业融合效应提升的效率和效果。区域装备制造业与生产性服务业融合效应提升驱动力协同作用模型如图 3 - 9 所示。

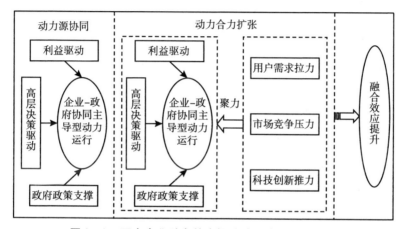

图 3 - 9 两大产业融合效应提升动力协同作用模型

3.5 区域装备制造业与生产性服务业融合效应提升驱动机制运行

3.5.1 融合效应提升驱动机制运行过程

区域装备制造业与生产性服务业融合效应提升的企业主导型动力运行是指,以利益驱动、高层决策认知支持力等动力要素为主导,以激发装备制造业与生产性服务业融合效应提升为目的,根据企业导向进行融合资源配置，进而推动融合效应提升的方式。在企业主导型动力作用下，装备制造业与生产性服务业具有显著的利益追求，在利益增加的推动下，装备制造业与生产性服务业引发融合效应提升行为，可以实现增加两大产业融合产品附加值的目的。并且，在收益增加动力与高层决策认知的支撑力下，推动了装备制造业与生产性服务业融合效应水平的提升。装备制造业与生产性服务业融合效应提升的企业主导型动力运行，既能够为融合效应提升提供充足的动力，又能持续不断地促进装备制造业与生产性服务业融合发展。

区域装备制造业与生产性服务业融合效应提升的政府主导型动力运行是指，以政府政策动力要素为主导的，以促进装备制造业与生产性服务业融合效应提升为目的，根据政府导向进行融合资源配置，进而推动融合效应提升的方式。在政府主导型动力运行中，政府作为融合效应提升行为的主导者，通过相关政策体系合理配置融合资源，指明装备制造业与生产性服务业融合发展方向。

区域装备制造业与生产性服务业融合效应提升的企业—政府协同主导型动力运行是指，整合企业、政府两个主导动力源，使企业、政府两个主导动力源协同运行。内生—外源合力协同作用下，是以政府行政驱动力和企业带动力为共同动力源头，科技创新推动力是动力复杂网络中的放大器，可以有效放大源头推动力作用，市场竞争压力、用户需求拉力则是整个动力复杂网络结构中作用力的枢纽，起到了重要的疏导、协调作用，保障动力体系的有效运转。

3.5.2　融合效应提升驱动机制运行模型

区域装备制造业与生产性服务业融合效应提升驱动机制运行模型如图 3 – 10 所示。

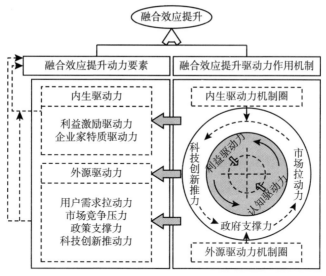

图 3 - 10　两大产业融合效应提升驱动机制运行模型

3.5.3　融合效应提升驱动机制运行管理策略

通过对区域装备制造业与生产性服务业融合效应提升驱动机制的运行分析，得到以下主要结论及管理策略：（1）区域装备制造业与生产性服务业融合效应提升的持续进行，必须要保证内外部动力的持续，在动力持续的基础上实现动力的增强以及实现动力间的有效协同；（2）政府方面，政府要发挥引导作用，一是通过制定相关政策，引导两大产业融合效应提升，规范融合行为。二是通过相关资源投入，促进装备制造业与生产性服务业融合系统内部科技进步，完善融合成果转化机制；三是放宽市场约束，发挥市场主导力量，推进市场化进程；（3）企业方面，一是进一步完善竞合机制，规范装备制造业与生产性服务业融合系统内部竞合行为，进而有效地发挥融合系统在资源互补、风险分担和利益共享方面的优势，并有效转化为装备制造业与生产性服务业融合效应提升动力。二是组建外部环境感知部门，以迅速识别市场环境动态变化，如政府政策和前沿科技的发展变化，并将其转化为装备制造业与生产性服务业融合效应提升动力，进而实现装备制造业与生产性服务业融合效应提升动力的持续、增强和协同。

3.6　本章小结

从机制分析、机制构建、机制运行三个方面对区域装备制造业与生产性服务业融合效应提升驱动机制进行详细设计。首先，分析装备制造业与生产性服务业融合效应提升驱动机制的内涵、特征与总体架构；其次，设计装备制造业与生产性服务业融合效应提升驱动机制的构建过程。在分析装备制造业与生产性服务业融合效应提升内生驱动力与外源驱动力作用的基础上，提出相关动力理论假设并验证，揭示装备制造业与生产性服务业融合效应提升的驱动力作用机制。从外源性动力嵌入阶段、内生—外源性动力聚合阶段和内生—外源合力协同作用阶段剖析装备制造业与生产性服务业融合效应提升的驱动力传导过程，分析装备制造业与生产性服务业融合效应提升驱动力传导路径并构建驱动力传导模型。在剖析装备制造业与生产性服务业融合效应提升动力协同主导要素的基础上，依据企业与政府两个主导动力的演化博弈构建装备制造业与生产性服务业融合效应提升动力协同作用模型；最后，对装备制造业与生产性服务业融合效应提升驱动机制的运行进行分析。在机制运行过程分析的基础上，构建相应的机制运行模型，并提出相应的机制运行管理策略。

第4章

区域装备制造业与生产性服务业
融合效应提升实现机制

目前，区域装备制造业与生产性服务业融合已经成为必然趋势，装备制造业与生产性服务业两大融合主体所要解决的关键问题并非融合与否，而是如何建立有效的管理机制推进两大产业融合效应提升的制度化，进而实现融合效应的可持续提升。

4.1 区域装备制造业与生产性服务业
融合效应提升实现机制分析

4.1.1 融合效应提升实现机制内涵与特征

4.1.1.1 融合效应提升实现机制内涵界定

区域装备制造业与生产性服务业融合效应提升是否能够顺利实现，关键取决于构建的实现机制合理与否。区域装备制造业与生产性服务业融合效应提升实现机制是指，两大产业融合效应提升过程中各种实现因素的协同、优化、调整及其内在联系，侧重于如何通过战略协同、伙伴优化与价值重构等要素而最终实现两大产业融合效应提升。

4.1.1.2 融合效应提升实现机制特征分析

基于对区域装备制造业与生产性服务业融合效应提升实现机制内涵的分析发现，区域两大产业融合效应提升实现机制具有以下特点：（1）能力体系。区域装备制造业与生产性服务业融合效应提升实现机制是一个能力体系，构筑两大产业融合效应提升基础，通过积累和运用能力来维护整个融合效应体系，该机制是决定两大产业融合效应能否提升的关键；（2）匹配作用。区域装备制造业与生产性服务业融合效应提升过程中，某些关键要素的存在将影响两大产业融合效应提升的实现。不可否认的是，关键要素作用的发挥与其他要素的匹配是密不可分的。不同要素彼此依存、交叉制约、相互作用，共同形成了两大产业融合效应提升的"可持续性"。

4.1.2 融合效应提升实现机制总体架构

本书将从三个层次来理解区域装备制造业与生产性服务业融合效应提升实现机制：首先，实现机制的目的是基于共赢的价值观，处于核心层的装备制造业与生产性服务业形成两大产业融合效应提升协同战略，引领实现融合效应提升的战略方向。在此基础上，构建装备制造业与生产性服务业融合效应提升战略协同机制，包括融合效应提升战略协同的形成、实施与控制；其次，合作伙伴之间存在着信息不对称或为短期利益而单方面违约的现象，合作伙伴的素质对实现两大产业融合效应的提升有重要影响。因此，针对合作伙伴质量、关系与结构方面的优化具有重要意义。在此基础上，构建装备制造业与生产性服务业融合效应提升伙伴优化机制，包括合作伙伴选择的优化、与合作伙伴的关系优化以及合作伙伴的结构优化；最后，在战略协同、伙伴优化的基础上，对融合价值链进行系统性重构可以提高两大产业融合要素的价值增值能力,进而促进两大产业融合效应提升。在此基础上,构建装备制造业与生产性服务业融合效应提升价值重构机制,包括融合效应提升价值要素的盘点、价值职能获取以及价值结构的调整。

综上所述,区域装备制造业与生产性服务业融合效应提升实现机制主要包括战略协同机制、伙伴优化机制、价值整合机制,具体如图 4-1 所示。

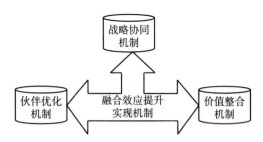

图 4-1 两大产业融合效应提升实现机制总体架构

4.2 区域装备制造业与生产性服务业融合效应提升战略协同机制

4.2.1 融合效应提升战略协同形成

明确战略要素是形成区域装备制造业与生产性服务业融合效应提升战略协同的关键所在,辨识协同机会是形成装备制造业与生产性服务业融合效应提升战略协同的切入点,成为战略聚焦组织是形成装备制造业与生产性服务业融合效应提升战略协同的主要标志。

(1)明确战略要素。

战略要素是指对区域装备制造业与生产性服务业融合效应提升起到重要影响和作用的状态变量的集合。[118]战略要素是装备制造业与生产性服务业融合效应提升状态变量中相对重要的一部分，主要体现在结构、能力与文化三个方面。如表 4 – 1 所示。

表 4 – 1 两大产业融合效应提升战略要素

维度	要素	说明
结构	组织结构	组织结构设计必须以组织的目标和战略为出发点。如果组织结构不适合组织战略，组织就不能实现预期目标
	资本结构	资本结构反映组织的风险抵御能力和战略扩张能力
	人才结构	人才结构是组织人力资源管理的重要组成部分。根据组织发展战略变换并运用有效手段对人才结构进行协调和优化，才有利于实现组织战略目标
能力	基本能力	组织持续竞争优势，主要来源于组织发展形态中的一般能力为基础性的战略管理环节
	核心能力	核心能力是组织存在之根本，这种价值功能被定位于价值链的"战略环节"，如决策能力
文化	价值观	价值观是组织共同认可的价值观念和行为标准，是组织文化的基石
	凝聚力	凝聚力具备组织成员间意见沟通快捷、信息交流频繁的特征。具有良好凝聚力的组织氛围，成员间相互关心、互相尊重、关系和谐，归属感强烈
	企业家精神	企业家精神是组织生存发展、战略管理的关键性要素

（2）辨识协同机会。

协同机会的识别既是区域装备制造业与生产性服务业融合效应提升战略协同的起点，又是最为关键的环节之一。

假设 a_i 为装备制造业与生产性服务业融合效应提升战略系统要素，系统 S 的性质 P_i，$i = 1, 2, \cdots, n$。设：

$$S = \{P_1(X) \wedge P_2(X) \wedge P_3(X) \cdots \wedge P_n(X)\}$$

$$A_i = \{X | P_i(X)\}, \quad i \leqslant n \quad\quad (4-1)$$

$$s \in S, \ a_i \in A_i, \ i \leqslant n$$

$$s \in S \langle = \rangle \wedge (a_i \in A_i)$$

假设 $F(S)$ 为区域装备制造业与生产性服务业融合效应提升战略协同 S 的整体战略效应，其绩效组成为

$$F(S) = \sum_{i=1}^{n} F(P_i) + B \quad i = 1, 2, \cdots, m; m \leqslant n \quad (4-2)$$

P_i 表示某组织的绩效值，B 为由于组织协同而产生涌现效应所带来的绩效的增加值。B 可以是正数、负数或零。显而易见，$B > 0$ 时，可能存在协同效应，反之，则不太可能趋于协同。

假定 $F(S)$ 为区域装备制造业与生产性服务业融合效应提升战略协同 S 的整体战略效应，其绩效测度过程为：

$$F(S, t) = G(S, t) - C(S, t)$$
$$S: \{s_1, s_2, s_3, \cdots, s_n\} \quad (4-3)$$
$$F(S_i, t_j) = G(S_i, t_j) - C(S_i, t_j)$$

区域装备制造业与生产性服务业融合效应提升战略协同过程产生协同收益的同时也在产生协同成本。如果协同价值大于独立价值的合计数，则说明存在战略协同价值的增值；$G(s_i, t_j)$ 为在 t_j 时刻实现 s_i 的战略协同收益部分，$C(s_i, t_j)$ 则为在 t_j 时刻实现 s_i 所付出的战略协同成本，而战略协同绩效是由其收益和成本两个方面共同决定的。

假定 s_1 存在战略协同机会，s_1 对应于 t_1，t_2，t_3 时刻，此时潜在的协同机会具备成为利润增长点的条件，$G(t_i) \leqslant C(t_i)$，且 $C'(t) < 0$，$G'(t) > 0$，$F(t_1) \leqslant 0$，s_1 的协同可以出现上升的发展趋势；在 t_2 时刻，s_1 的战略协同绩效有所提高，并因战略协同而导致协同成本增长速度降低甚至出现成本下降的情况，即 $G(t_2) > C(t_2)$ 且 $G'(t_2) > C'(t_2)$；在 t_3 时刻，战略协同绩效增长变化不大，即 $G(t_3)$ 与 $C(t_3)$ 趋于一致，且 $G'(t_3)$ 与 $C'(t_3)$ 趋于一致。从 s_1 战略跃迁至 s_2 战略开始出现战略变革，且

$$\frac{dF(S_2, t)}{dS_2} > \frac{dF(S_1, t)}{dS_1} \quad (4-4)$$

由此可见，装备制造业与生产性服务业战略协同过程中面临众多

协同机会，需要组织对各种协同机会加以辨识以选择最优的协同机会。

（3）形成战略聚焦。

明确自身的战略定位，调整自身的战略规划，从以自身战略为导向向以装备制造业与生产性服务业融合效应提升战略为导向转变，即形成战略聚焦组织。战略聚焦的关键环节是参与装备制造业与生产性服务业融合效应提升的所有组织聚焦于战略目标。如果所有参与组织聚焦于战略目标，则说明结构、能力、文化均是围绕战略目标运作的，所有工作均是以战略目标为核心分解的。

假设装备制造业与生产性服务业处于战略变革的临界点，此时对于融合效应提升战略的认知尚未明确，装备制造业与生产性服务业之间的状态多为无序和混沌的，从这一状态演变到形成战略并聚集组织，无疑是一个复杂的、动态的、长期的不断优化的过程。

装备制造业与生产性服务业战略协同的态度倾向的表示方法主要有两种。一种是离散数值型，在这种建模方法中反对、中立、支持三种态度可分别以 -1、0、1 来表示，此时认为装备制造业与生产性服务业意见互不相交。另一种是连续区间型，以连续区间 [0，1] 来表示融合主体对于融合效应提升战略目标的态度倾向，分别表示装备制造业与生产性服务业对于融合效应提升这一战略目标的态度从高度不理解到高度支持的转变过程，装备制造业与生产性服务业的最终态度倾向可能为介于 0 和 1 之间的任一数值。

由产业融合实践可知，产业融合效应提升由于受到来自内外部各种因素的综合作用，是一项不断深化的过程。在尚未形成战略聚焦时，产业融合主体会因为对融合后效应提升战略的认识不到位，各融合主体基于利益分配的原因而抵制或是不主动为融合效应提升创造有利条件。而随着产业融合的不断深化，融合主体之间的不断沟通，融合主体双方的融合效应提升战略目标逐渐具象化，最终实现战略从混沌到聚焦的演变。因此，本书选择后者来衡量装备制造业与生产性服务业的态度倾向。

在装备制造业、生产性服务业融合效应提升过程中两大产业的地位、利益关系、价值观、对战略的理解等方面的差异，导致装备制造业与生产性服务业对各自立场的坚持程度存在差异。受多种因素的共同作用，装备制造业与生产性服务业的态度倾向动态变化。以 [0，0.5] 区间衡量两大产业态度倾向的变动范围。对组织 i 的态度倾向 x_i 初始取值表达式为 $x_i(o_i，\delta_i)$。其中，o 表示组织的态度倾向（$0 \leq o \leq 1$），δ 代表不确定因素干扰（$0 \leq \delta \leq 0.5$）。

在现实中，任意两个融合主体进行沟通时，彼此之间的影响是不对等的。如果装备制造业与生产性服务业融合主体达成战略协同，融合主体之间结构、能力和文化促进两大产业相互合作，融合主体之间的相互信任，则更易相互产生影响。倘若两大融合主体之间尚未形成战略协同机制，融合主体之间的结构、能力、文化无法协同，装备制造业与生产性服务业融合主体不能建立有效的沟通与协调机制，则将使装备制造业与生产性服务业最终无法实现深度融合。采用协同因子表示装备制造业与生产性服务业间信任度的均值。t 取值范围为 [0，1] 之间的任一实数，0 则为极低的产业协同度，1 则为极高的产业协同度。协同因子用以衡量两大融合主体之间的合作、沟通和信任程度，即为战略协同机制的水平的重要体现。

如果任一融合主体 i 对于融合战略目标的态度倾向为 $x_i(o_i，\delta_i)$，融合主体 j 对于融合战略目标的态度倾向为 $x_j(o_j，\delta_j)$，协同因子为 t。运用 d_{ij} 作为计算影响函数的中间变量：

$$d_{ij} = \min(o_i + \delta_i，o_j + \delta_j) - \max(o_i - \delta_i，o_j - \delta_j) \qquad (4-5)$$

对于融合主体 i 和融合主体 j 彼此间的相互影响，分为两种情况讨论：

（1）如果融合主体 i 的态度倾向对于融合主体 j 的态度倾向的影响函数为 $f(i，j)$。若 $d_{ij} > \delta_i$，则令 $f(i，j) = \dfrac{t \times [(d_{ij}/\delta_i) - 1]}{10}$。若 $d_{ij} \leq \delta_i$，则令 $f(i，j) = 0$；

（2）如果融合主体 j 的态度倾向对于融合主体 i 的态度倾向的影响函数为 $f(i, j)$。若 $d_{ij} > \delta_j$，则令 $f(j, i) = \dfrac{t \times [(d_{ij}/\delta_j) - 1]}{10}$。若 $d_{ij} \leqslant \delta_j$，则令 $f(i, j) = 0$；

每次组织 i 和组织 j 交换观点后，各自对于战略目标的理解都发生改变，沟通后组织 i 的观点为 $x'_i(o'_i, \delta'_i)$，组织 j 的观点为 $x'_j(o'_j, \delta'_j)$。其中，

$$o'_i = o_i + f(j, i) \times (o_j - o_i), \quad \delta'_i = \delta_i + f(j, i) \times (\delta_j - \delta_i)$$

$$o'_j = o_j + f(i, j) \times (o_i - o_j), \quad \delta'_j = \delta_j + f(i, j) \times (\delta_i - \delta_j) \qquad (4-6)$$

4.2.2　融合效应提升战略协同实施

4.2.2.1　融合效应提升战略协同实施过程

区域装备制造业与生产性服务业融合效应提升战略协同体的生命很脆弱，在其协同的任何一个阶段都有可能终止，装备制造业与生产性服务业间必须不断磨合，才能顺利持续协同。

类比生命周期理论，本书将区域装备制造业与生产性服务业融合效应提升战略协同分为如下阶段，如图 4-2 所示。

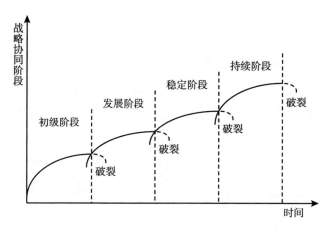

图 4-2　两大产业融合效应提升战略协同阶段

区域装备制造业与生产性服务业融合效应提升战略协同过程中，各阶段的影响要素包括产业资源、协同意愿、信任程度、协作能力、和谐程度等，各阶段的影响要素和特点、存在问题等方面如表4-2所示。

表4-2　　　　　两大产业融合效应提升战略协同阶段分析

影响因素	初级阶段	发展阶段	稳定阶段	持续阶段	
				长期持续	放弃
产业资源	互为吸引	增多	最多	不变化	迅速减少
协同意愿	不积极	增强	最强	稳定	无
信任程度	磨合期	迅速提高	高峰期	稳定	迅速下滑
协同能力	不高	增强	最强	稳定	迅速下滑
和谐程度	协调中	趋近和谐	默契	稳定	迅速下滑

4.2.2.2　融合效应提升战略协同实施空间

区域装备制造业与生产性服务业融合效应提升战略协同的实施要做好战略系统管理者、战略系统组织结构、战略系统文化和战略系统资源四个方面要素的匹配工作。

首先，要明确区域装备制造业与生产性服务业融合效应提升战略系统管理者是谁，其综合管理能力如何。[119]如前文所述，在区域装备制造业与生产性服务业融合系统中，一般是装备制造企业处于管理者的地位。但仅仅明确管理者是谁还不够，还需要在此基础上明确管理者的管理能力、管理方法、管理具体实施策略等信息，这对两大产业融合效应提升战略协同的实施至关重要。管理者能力主要强调区域装备制造业与生产性服务业融合效应提升战略系统管理者不断重构、高效配置各种资源的能力，以及通过战略决策来决定两大产业融合效应的发展方向和运行方式的能力。显然，除了装备制造企业自身能力与资源会影响其管理能力之外，战略系统其他成员的支持与配合程度也会在一定程度上影响其管理能力的外在表现。

其次，要为区域装备制造业与生产性服务业融合效应提升战略系统建立适用的组织结构体系，并营造有利于两大产业融合效应提升战略协同实施的文化。组织体系主要强调在不确定的宏观环境和不稳定的内部要素背景下形成良好的区域装备制造业与生产性服务业融合效应提升参与组织结构和组织惯性的能力，装备制造业与生产性服务业等各成员间的关联机制与关联方式、互补机制与互补方式以及共同的理念、价值观、行为准则和伦理道德规范决定了两大产业融合效应提升的组织体系，组织体系可以根据外部环境和内部要素的变化适时适度地进行调整，具备显著的柔性和敏捷性。

最后，为了保证区域装备制造业与生产性服务业融合效应提升战略得以实施，还需要向战略系统投入其所需的人、财、物和信息等各类资源，从而为两大产业融合效应提升战略的协同实施提供资源保障。资源保障主要强调可用于区域装备制造业与生产性服务业融合效应提升的各类资源，而非参与组织原有各种资源的简单累加。资源供给需要明确两大产业融合效应提升过程中各类成员的资源禀赋特征，资源保障意愿、能力与对应的责任，将资源保障任务细化到各个具体的参与成员并制定相应的资源保障制度、策略及其实施细则。

进一步梳理可以发现，区域装备制造业与生产性服务业融合效应提升战略系统管理者的能力体系，组织结构和文化所形成的组织体系，以及人、财、物和信息等各类资源体系三个维度共同构成了两大产业融合效应提升战略协同实施的可行空间，如图 4 - 3 所示。

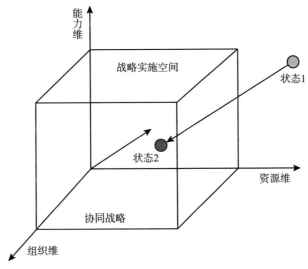

图4－3　两大产业融合效应提升战略协同的实施空间

　　当区域装备制造业与生产性服务业融合效应提升战略系统管理者的能力提升，组织结构和文化所形成的组织体系不断改善，以及各类资源得以充分保障时，两大产业融合效应提升战略协同的实施空间就会不断变大。在区域装备制造业与生产性服务业融合效应提升协同战略的实施初期，战略目标位于其协同战略实施的可行空间之外（如图4－3中状态1所示）。随后，在装备制造业与生产性服务业融合效应提升协同战略目标的引导下，伴随资源维度、组织维度和能力维度的不断提升，区域装备制造业与生产性服务业融合效应提升战略协同的实施空间会不断拓展，并逐渐将两大产业融合效应提升协同战略目标纳入其协同战略实施的可行空间之中（如图4－3中状态2所示）。此时，区域装备制造业与生产性服务业融合效应提升的协同战略处于实施过程之中，并在战略系统管理者能力、组织体系以及各类资源的共同作用下得以逐步实现。

4.2.3 融合效应提升战略协同控制

度是相互冲突的系统均可接受的利益分配点，也是协调冲突的最优解。协同度是一个定量表示组织发展过程中各要素之间协同关系的指标，也用来刻画组织战略协同机制的实施效果。建立区域装备制造业与生产性服务业融合效应提升战略协同机制运行效果评价模型，有利于明确两大产业融合效应提升实现过程中的问题所在。

（1）融合效应提升战略协同评价模型。本书拟从结构、能力、文化三方面构建协同度评价模型，数学表达式如式（4-7）所示。

$$D = \sqrt{C \times T} \qquad (4-7)$$

式中，D 值与两大产业融合效应提升战略协同性的好与差成正相关；$D=0$ 表示战略协同严重缺失；$D=1$ 表示战略协同性达到最佳状态。

$$C = \left\{ \frac{f(x) \times g(x) \times h(x)}{\left[\frac{f(x) + g(x) + h(x)}{3} \right]^3} \right\}^k \qquad (4-8)$$

$f(x)$ 是结构效应函数；$g(y)$ 是能力效应函数；$h(z)$ 是文化效应函数。式中，k 为调节系数（$k \geq 2$），证明 $0 \leq C \leq 1$。$f(x)$、$g(y)$、$h(z)$ 的计算公式如下：

$$f(x) = \sum_{i=1}^{m} a_i \bar{x}_i \qquad (4-9)$$

$$g(y) = \sum_{i=1}^{m} b_i \bar{y}_i \qquad (4-10)$$

$$h(z) = \sum_{i=1}^{m} c_i \bar{z}_i \qquad (4-11)$$

a_i，b_i，c_i 为权重，$\bar{x}_i$、$\bar{y}_i$、$\bar{z}_i$ 为 x_i，y_i，z_i 的规范值，具体计算过程如下：

$$\bar{x}_i = \begin{cases} x_i / \lambda_{\mathrm{max}x_i} & x_i \text{ 越大越好} \\ \lambda_{\mathrm{min}x_i} / x_i & x_i \text{ 越小越好} \end{cases} \qquad (4-12)$$

$$\overline{y}_i = \begin{cases} y_i/\lambda_{\mathrm{max}y_i} & y_i \text{ 越大越好} \\ \lambda_{\mathrm{min}y_i}/y_i & y_i \text{ 越小越好} \end{cases} \quad (4-13)$$

$$\overline{z}_i = \begin{cases} z_i/\lambda_{\mathrm{max}z_i} & z_i \text{ 越大越好} \\ \lambda_{\mathrm{min}z_i}/z_i & z_i \text{ 越小越好} \end{cases} \quad (4-14)$$

式中，λ_{max}、λ_{min} 为相应指标的标准值。式中，T 为三种效应的综合评价指数，其计算式如式（4-15）所示。

$$T = \alpha \times f(x) + \beta \times g(y) + \gamma \times h(z) \quad (4-15)$$

式中，α、β、γ 为相对权重。

（2）融合效应提升战略协同评价指标。区域装备制造业与生产性服务业融合效应提升战略协同评价指标如表4-3所示。

表4-3　　　　两大产业融合效应提升战略协同度评价指标

目标层	维度	准则层	指标层
区域装备制造业与生产性服务业融合效应提升战略协同水平	结构	组织结构	通过调查问卷获取
		资本结构	
		人才结构	
	能力	基本能力	通过调查问卷获取
		核心能力	
	文化	价值观	
		凝聚力	
		企业家精神	

（3）融合效应提升战略协同评价标准。依据协同度的高低，对装备制造业与生产性服务业融合效应提升战略协同运行效果进行分级，如图4-4所示。

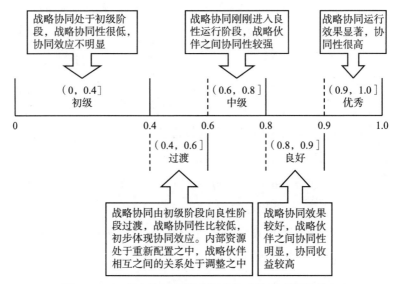

图4-4 两大产业融合效应提升战略协同度评价等级

4.3 区域装备制造业与生产性服务业融合效应提升伙伴优化机制

区域装备制造业与生产性服务业融合系统各构成要素质量,以及在时空维度上的相互联系、相互作用的方式或秩序直接影响融合效应提升水平。因此,在装备制造业与生产性服务业融合效应提升战略导向下,通过优选、优化合作伙伴来实现两大产业融合效应提升具有重要意义。

4.3.1 融合效应提升伙伴选择优化

广泛的产业关联性、显著的溢出效应以及长期受益于政策倾斜等因素使装备制造业产业基础雄厚。并且,巨大的价值增值差异、激烈的市场竞争使其产业融合效应提升意愿更为突出和强烈。因此,本书认为装备制造业与生产性服务业融合效应提升伙伴的优选一般是由装备制造企业主导。

4.3.1.1　融合效应提升伙伴优选原则与步骤

为了有效实现区域装备制造业与生产性服务业融合效应提升，在原有融合伙伴选择标准的基础上，进一步强调合作伙伴的优选和优化问题。伙伴优选是一个复杂的过程，需要根据实际情况适当调整考察的指标数目，以便选择出质量最佳、结构最优的融合伙伴。[120]

（1）融合效应提升伙伴优选原则。

在实践中，区域装备制造业与生产性服务业融合效应提升伙伴优选时应遵循以下原则：

首先，资源互补。区域装备制造业与生产性服务业融合效应提升过程本身就是一个基于战略导向的两大产业融合资源重新配置的过程，[121]合作伙伴的异质性和互补性则是推动这一过程实现的重要前提与条件。区域装备制造业与生产性服务业融合效应提升的目标合作伙伴必须具有并能够为两大产业融合效应提升贡献的核心资源，而这一资源恰恰是实现两大产业融合效应提升所需要且与其他合作伙伴有别的核心资源。因此，区域装备制造业与生产性服务业融合效应提升伙伴优选过程中应遵循资源互补的原则，资源的互补性越强，所形成的关系结构就越紧密，就越有利于两大产业融合效应提升的实现。

其次，能力匹配。伙伴优选较之普通的伙伴选择更加注重伙伴能力的兼容性与对等性，即区域装备制造业与生产性服务业融合效应提升伙伴优选不只是为弥补自身弱点，更是以具有特定优势而保持长期合作为主要目标。[122]在合作伙伴能力匹配的前提下，"高能力 – 高能力"的双高组合在实现两大产业融合效应提升方面的成功率最高，可达到60%左右，而"高能力 – 低能力"的高低组合的成功率仅为30%左右，且容易出现伙伴依赖和"搭便车"等不良现象，从而影响装备制造业与生产性服务业融合效应提升的决策机制、利益分配与风险控制。因此，能力匹配成为区域装备制造业与生产性服务业融合效应提升伙伴优选的重要标准。

最后，利益最大。利益是区域装备制造业与生产性服务业融合效应提升伙伴优选的风向标。在具体的装备制造业与生产性服务业融合效应提升过程中，融合效应提升活动所带来的市场前景、经济回报和舆论认可不仅决定了两大产业融合效应提升伙伴的合作强度，而且决定了装备制造业与生产性服务业融合效应的演化方向。显然，为了保证区域装备制造业与生产性服务业融合效应提升活动的利益最大，需要依靠优质的合作伙伴予以配合。与此同时，各参与成员的风险与收益是并存、对等且不可分割的，高收益往往意味着高风险。因此，当能力不匹配或缺乏信任关系等不确定性因素时，都应放弃与其建立合作关系，以将潜在风险控制在最小范围内，进而保证区域装备制造业与生产性服务业融合效应提升的实现。

（2）融合效应提升伙伴优选步骤。

区域装备制造业与生产性服务业融合效应提升伙伴优选流程逻辑性的划分为如下步骤：

首先，融合效应提升伙伴定性筛选。该阶段，装备制造企业根据实现区域装备制造业与生产性服务业融合效应提升的需要，在两大产业融合效应提升战略指导下，针对实现装备制造业与生产性服务业融合效应所需的核心能力和约束条件，按任务需求—能力匹配策略确定出所需要的优质的合作伙伴标准。在此基础上，装备制造企业通过各种途径在区域范围内搜索可能的合作伙伴，并形成潜在的优质合作伙伴备选数据库。

其次，融合效应提升伙伴综合评价。运用恰当的评价方法对第一阶段所筛选的备选合作伙伴进行量化分析与进一步比较。可见，这一过程的关键步骤为依据不同的市场机会构建合理的伙伴优选评价模型。值得注意的是，如果评估结果显示没有符合优选标准的合作伙伴，则返回第一步重新确定潜在合作伙伴，并重新收集相关信息。

最后，融合效应提升伙伴组合优化。根据区域装备制造业与生产性服务业融合效应提升伙伴优选的总体目标，采用多目标优化决策方法寻找最佳合作伙伴集。此时最为重要的是优化组合方法的选择与适用性。需要指出的是，合作伙伴的优选依次经历了初选到综合评价，再到优化组合的过程。

综上所述，一个完整的区域装备制造业与生产性服务业融合效应提升合作伙伴优选过程模型如图 4 - 5 所示。

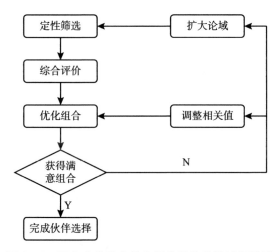

图 4 - 5　两大产业融合效应提升伙伴优选过程模型

4.3.1.2　融合效应提升伙伴优选评价指标体系

区域装备制造业与生产性服务业融合效应提升伙伴同样具有多方面、多层次的静态特征，而且在两大产业融合效应提升过程中呈现出多维度的动态特点，因此对其进行全面评价会涉及多方面、多维度的诸多要素，需建立起一套完善的融合伙伴评价指标选择原则体系，以实现对评价指标的初步筛选和对评价指标科学性和合理性的保障。

（1）融合效应提升伙伴评价指标选择的原则。

综合考虑建立区域装备制造业与生产性服务业融合效应提升伙伴

评价指标体系至少应遵循如下原则：

①系统性原则。该原则表明进行融合伙伴评价时，指标的选择应当做到全面，能够从各个方面对潜在融合伙伴进行评价；二是要有层次，能够从各个层面对潜在融合伙伴进行评价；三是要有区分度，各评价指标间不存在相互包含与被包含的关系。

②科学性原则。科学性原则要求各融合伙伴评价指标能够客观、实际地反映潜在融合伙伴的各方面静态发展特征与动态演化规律，每个指标都能通过科学、合理的方法进行评价。

③可操作性原则。可操作性原则要求不仅能够进行有效的统计或测度，而且要易于进行有效的统计或测度。而对于难以进行有效统计或测度的指标，应考虑通过替代指标或转化数据等方式进行处理，以保证用于评价融合伙伴的所有指标均具有可操作性。

（2）融合效应提升伙伴评价指标体系的构建。

根据区域装备制造业与生产性服务业融合效应提升伙伴评价指标选择原则，综合考虑两大产业融合效应提升过程中对各合作伙伴的资源水平、未来潜力、合作基础以及匹配程度等方面的要求，构建两大产业融合效应提升伙伴评价指标体系。

①资源水平。资源维度是进行区域装备制造业与生产性服务业融合效应提升伙伴选择时需要考虑的重要因素，包括潜在合作伙伴内部的各种软硬件资源，如人力资源、财务资源、固定资产、技术与知识积累、品牌资产、资质认证等有形与无形资源。其中，人力资源是实现两大产业融合效应提升的第一资源，其数量和质量不仅关系到合作伙伴自身的发展水平，而且对两大产业融合效应提升水平和质量具有重要影响。财务资源是实现装备制造业与生产性服务业融合效应提升的核心资源之一。固定资产是实现两大产业融合效应提升的基础。技术与知识积累反映了合作伙伴的既有技术资源水平。品牌资产反映了市场对两大产业融合产品的认可程度。资质认证不仅可以反映合作伙伴在认证领域的标准化水平，而且可以反映其产品与服务质量。

②未来潜力。组织决策能力是潜在合作伙伴所必须具备的战略层次协调柔性能力，通过有效的决策可以精准并迅速地制定融合效应提升战略、调整融合效应提升战略，以便达到合理配置融合效应提升资源推进战略转型的目的；资源整合能力有利于资源在合作伙伴间有效流通与共享，有效促进潜在合作伙伴内外部资源的良性结合与有效延伸，促进融合效应提升活动的顺利开展与实现融合效应提升。

③合作基础。潜在合作伙伴的合作潜力不仅关系到伙伴间的信任程度，而且会影响装备制造业与生产性服务业融合效应提升过程中因冲突与不信任造成的成本损失。履约记录体现了潜在合作伙伴的契约精神，对于履约记录较差的主体应采取一票否决，避免因履约问题造成的风险；管理层合作态度和员工合作态度则影响着装备制造业与生产性服务业融合效应提升进程的流畅性和长久性，离开管理层的决策和员工的支持，融合效应提升则无法实现。

④匹配程度。合作伙伴间的匹配性是指各潜在合作伙伴在其目标、文化、能力等方面与装备制造业与生产性服务业融合效应提升战略的适应性、一致性和统一性。在融合效应提升过程中，各潜在合作伙伴的匹配性主要体现在发展战略匹配性、产品与服务匹配性、技术知识匹配性、组织文化匹配性、商业模式匹配性和管理机制匹配性六个方面。发展战略的匹配是选择装备制造业与生产性服务业融合效应提升伙伴的基础和前提，从根本上保证了利益诉求的一致性；产品与服务匹配、技术与知识匹配是实现装备制造业与生产性服务业融合效应提升的关键；组织文化匹配、商业模式匹配和管理机制匹配会影响装备制造业与生产性服务业融合效应提升具体实现过程的顺畅性。

综上所述，得到区域装备制造业与生产性服务业融合效应提升伙伴评价指标体系，如表4-4所示。

表 4 - 4   两大产业融合效应提升伙伴评价指标体系

目标层	准则层	指标层
区域装备制造业与生产性服务业融合效应提升伙伴评价指标体系	资源水平	人力资源
		财务资源
		固定资产
		技术与知识积累
		品牌资产
		资质认证
	未来潜力	组织决策能力
		资源整合能力
		技术研发能力
		柔性生产能力
		提升保障能力
	合作基础	忠诚度
		行业地位
		声誉和形象
		信贷能力
		合同履行率
		组织文化
		管理体制
		发展理念
		提升愿景
	匹配程度	发展战略匹配性
		产品与服务匹配性
		技术知识匹配性
		组织文化匹配性
		商业模式匹配性
		管理机制匹配性

4.3.1.3 融合效应提升伙伴选择优化模型

本书选用基于 AHP 的灰色关联分析与多属性群决策方法，对装备制造业与生产性服务业融合效应提升合作伙伴进行选择及优化，分别构建灰色关联分析的初选模型和多属性群决策的优化模型，从而达到合作伙伴选择的整体结果的最优化。

（1）融合效应提升伙伴初选优化。

首先，建立合作伙伴选择的层次结构模型。结合前文所提出的评价指标体系建立的原则和 AHP 的运用过程，构建合作伙伴初选指标的层次结构模型，如表 4 – 5 所示。

表 4 – 5　　　　　　　合作伙伴初选指标层次结构模型

目标层	区域装备制造业与生产性服务业融合效应提升合作伙伴优化排序			
准则层	资源水平	未来潜力	合作基础	匹配程度
方案层	候选伙伴 1，候选伙伴 2，候选伙伴 3，…，候选伙伴 n			

其次，构建灰色关联度决策模型。运用灰色关联分析法，结合装备制造业与生产性服务业融合效应提升最终结果，对合作伙伴进行初筛，以获取最佳合作伙伴的排序。

第一，构造评价指标判断矩阵。根据装备制造业与生产性服务业融合效应的不同情况，把融合效应提升合作伙伴的 n 个备选方案划分为 m 个子模块，各子模块共有 s_1，s_2，s_3，…，s_m 个评价指标。因此，对于第 k 个子准则层，备选方案则含有 s_k 个评价指标值，可用矩阵如式（4 – 16）所示。

$$R_k = \begin{pmatrix} r_{11} & r_{12} & \cdots & r_{1n} \\ r_{21} & r_{22} & \cdots & r_{2n} \\ \vdots & \vdots & \vdots & \vdots \\ r_{sk1} & r_{sk2} & \cdots & r_{skn} \end{pmatrix} \qquad (4-16)$$

其中，$k = 1$，2，3，$\cdots$，m。

第二，规范化评价决策矩阵。不同的评价指标属性、物理量纲和单位的不同往往导致评价指标不可公度性的产生。这一问题可通过无量纲、一致化等手段加以解决。

效益型指标如式（4 – 17）所示。

$$x_{ij} = \frac{r_{ij} - \min_i r_{ij}}{\max_i r_{ij} - \min_i r_{ij}}, \; i \in s_k, \; j \in n \quad (4-17)$$

效益型指标如式（4 – 18）所示。

$$x_{ij} = \frac{\max_i r_{ij} - r_{ij}}{\max_i r_{ij} - \min_i r_{ij}}, \; i \in s_k, \; j \in n \quad (4-18)$$

规范化处理后的矩阵如式（4 – 19）所示。

$$X_k = \begin{pmatrix} x_{11} & x_{12} & \cdots & x_{1n} \\ x_{21} & x_{21} & \cdots & x_{2n} \\ \vdots & \vdots & \vdots & \vdots \\ x_{sk1} & x_{sk2} & \cdots & x_{skn} \end{pmatrix} \quad (4-19)$$

第三，确定比较序列与参考序列。在对评价决策矩阵进行规范化处理以后，可以把 n 个备选方案作为比较序列。所有的 n 个备选方案中，对应准则层评价指标的最优取值，由理想方案组成的数据列也就是第 k 个子准则层的参考序列，如式（4 – 20）所示。

$$Z_k = (x_{1j}^{\max}, \; x_{2j}^{\max}, \; \cdots, \; x_{skj}^{\max})^T, \; j \in n \quad (4-20)$$

第四，计算关联系数。设权重为 $W_k = (w_{k1}, \; w_{k2}, \; \cdots, \; w_{ks})$，表示第 k 个子准则的 s 个指标权重，第 j 个备选方案与理想方案的第 i 个指标的关联系数计算过程如式（4 – 21）所示。

$$\delta_{ij}^k = \frac{\min\limits_{i \in s_k} \min\limits_{j \in n} (w_{ki}|Z_{ki} - x_{ij}|) + \sigma \max\limits_{i \in s_k} \max\limits_{j \in n} (w_{ki}|Z_{ki} - x_{ij}|)}{w_{ki}|Z_{ki} - x_{ij}| + \sigma \max\limits_{i \in s_k} \max\limits_{j \in n} (w_{ki}|Z_{ki} - x_{ij}|)}$$

$$(4-21)$$

其中，σ 表示分辨系数，一般取值为 0.5，$|Z_{ki} - x_{ij}|$ 表示方案相

离度；$w_{ki}|Z_{ki} - x_{ij}|$ 表示相离度的带权测度。

第五，确定评价指标权重。本书采用熵权系数法确定指标权重。由指标评价矩阵 X_k，如式（4-22）所示。

$$E_i = -\sum_{j=1}^{n}(x_{ij}/\sum_{j=1}^{n}x_{ij})\log(x_{ij}/\sum_{j=1}^{n}x_{ij}),\ i = 1, 2, \cdots, s_k \quad (4-22)$$

各评价指标的熵值如式（4-23）所示。

$$e_i = \frac{1}{\log(n)}E_i \quad (4-23)$$

由熵的极值性可知，当 x_{ij} 的差异程度越大则 e_i 越小，表明指标在系统中所产生作用越大，差异系数 $1 - e_i$ 越大，指标 i 越重要。则第 k 个子系统评价指标 i 的权重因子如式（4-24）所示。

$$\chi_{ki} = \frac{1 - e_i}{\sum\limits_{i=1}^{s_k} 1 - e_i},\ 0 \leqslant \chi_{ki} \leqslant 1,\ \sum_{i=1}^{s_k}\chi_{ki} = 1,\ k = 1, \cdots, m$$

$$(4-24)$$

第六，理想方案的关联度计算如式（4-25）所示。

$$R_{ki} = \sum_{i=1}^{s_k}\xi_{ij}^{(k)},\ j \in n,\ k \in m \quad (4-25)$$

灰色关联度越大，R_{kj} 与备选方案之间的差距越小，也就是越接近于最优方案 z_k。也就是说，当 $R_{kj} = \max(R_{k1}, R_{k2}, \cdots, R_{kn})$ 时，备选方案 j 即为第 k 个子准则层的最优方案。

（2）融合效应提升伙伴组合优化。

区域装备制造业与生产性服务业融合效应提升进行合作伙伴选择时，决策者需要首先考虑伙伴之间的相容性问题，并选择最为关键的因素作为合作伙伴组合优化的评价标准，进而确保融合效应提升的实现。考虑到装备制造业与生产性服务业融合效应提升合作伙伴的组合优化属于有限决策方案的多属性决策优化问题，本书在专家评分法的基础上，首先依据各评价指标属性集进行个体决策，然后再进一步组合为群体决策结果，以此作为融合效应提升伙伴的排序并进行优化，具体计算过程如下。

步骤一：令专家决策群为 $D=(d_1, d_2, \cdots, d_N)$，专家 d_k 的权重为 μ_k；

步骤二：群体决策的优选组合方案为 $f=(f_1, f_2, \cdots, f_t)$，方案的评价指标集为 $A=(A_1, A_2, \cdots, A_t)$；

步骤三：进行专家打分，专家 d_i 对优选方案 $f=(f_1, f_2, \cdots, f_t)$ 的第 t 指标最终的打分为 a_{tl}；

最后，由矩阵 $B=b_{ij}$，可计算得到最终综合评价值如式（4-26）所示。

$$b_{kl}=\sum_{k=1}^{N}a_{tl(i)}\omega_k \qquad (4-26)$$

λ_j 表示指标权重，Y 表示群体决策优选方案中 $f=(f_1, f_2, \cdots, f_t)$ 的结果。其中，Y 值与组合方案的优劣呈正相关关系，Y 结果最优意味着组合方案最优。将综合评价值作为排序的依据，便可从不同的组合方案中选择最优结果作为优选方案。

4.3.2 融合效应提升伙伴关系优化

区域装备制造业与生产性服务业融合效应提升利益相关者数量较多且协作关系复杂，涉及利益分配、风险管理、冲突解决等多种复杂的关系问题。为避免区域装备制造业与生产性服务业融合效应提升过程中合作关系破裂带来的价值体系结构问题，需要通过构建利益共享机制、风险共担机制来进行关系优化。

4.3.2.1 融合效应提升利益共享

区域装备制造业与生产性服务业融合效应提升过程中，不同阶段与时点下参与组织利益诉求的内容与程度不同。因为装备制造业与生产性服务业融合效应提升活动所付出的努力不同，伙伴间的信任程度以及伙伴素质等均会直接影响组织间的利益分配，利益分配合理化是实现利益共享的前提。

（1）融合效应提升利益共享原则。

为保证区域装备制造业与生产性服务业融合效应提升过程中参与组织间实现利益共享，在进行装备制造业与生产性服务业融合效应提升规划过程中应遵循以下利益共享原则：

①公平诚信。遵循公平原则是区域装备制造业与生产性服务业两大融合主体在融合效应提升过程中利益调节的根本，是促使两大产业融合效应提升参与主体与合作伙伴团结合作的基础。依照公平诚信的原则合理进行利益分配与共享，有利于激发各个利益主体的积极性，进而促进装备制造业与生产性服务业融合效应提升的实现。

②利益均衡。把握利益均衡是实现公平诚信的首要条件。尊重区域装备制造业与生产性服务业融合效应提升过程中利益主体的利益诉求并合理满足，才能吸引各个利益主体参与到两大产业融合效应提升活动中并倾力投入人力、物力、财力等资源。此外，还需要注意利益主体投入与收益的均衡性、风险与收益的均衡性。

③激励效率。在区域装备制造业与生产性服务业融合效应提升过程中，如果能保持公平诚信、实现利益均衡可以保证利益主体在公平的环境中获得合理的投资回报，对潜在合作伙伴具有一定的激励作用。

④动态调整。不同阶段与时点下，区域产业融合效应提升活动的具体要求、参与组织的利益诉求以及收益期望大小会发生变化。应始终坚持弹性的利益分配方式，根据不同参与组织在装备制造业与生产性服务业融合效应提升过程中的地位、所做的努力与贡献等及时调整先前约定的利益分配方案，以保证利益共享的充分实现。

（2）融合效应提升利益共享影响因素。

区域装备制造业与生产性服务业融合效应提升过程中始终伴随融合要素流动，即该过程可视为两大产业融合主体、合作伙伴等利益相关者所构成的融合价值网络增值过程。影响利益分配、共享的因素主要源于区域装备制造业与生产性服务业融合效应提升过程中参与组织的努力付出，包括融合知识共享程度、融合投入额度、风险抵御能力。

①融合知识共享程度。根据社会资本理论的观点，融合组织间共享知识资本，建立互惠的规范，可以为融合主体赢得稳定和忠实的客户，降低融合成本，同时提高融合运行效率，以此保证装备制造业与生产性服务业融合的经济效益。在获得收益后，利益相关者会更愿意进行融合知识共享，最终主体间形成利益共享。[123]

②融合投入额度。区域装备制造业与生产性服务业融合效应提升的各个阶段，参与组织均要投入大量成本（研发经费、试验设备、人力资本等），这些一旦投入，往往不可逆。若投入额度较高，但后续所获得的收益较小，两者间的不平衡会对利益共享意愿产生较大影响。

③风险抵御能力。不确定性会使风险抵御能力较弱的参与组织在承担装备制造业与生产性服务业融合效应提升过程中对风险的辨识与分析产生偏差，出于保护自身的本能，共享意愿会被削弱，从而影响利益共享关系的稳定。此外，不同参与组织间的关系也会影响利益共享。

4.3.2.2 融合效应提升风险共担

风险共担机制的设计从制度上减少了政府寻租腐败、私人部门投机等问题的出现。通过伙伴各方权利义务界限的约定、风险因素的责任划分与预控手段等，能够形成良性激励相容机制，有效实现整体利益最大化。

（1）融合效应提升风险要素识别。

风险因素识别是风险共担的前提。与区域装备制造业与生产性服务业融合效应提升相关的要素都有可能成为风险诱发因素。因此，本书依据风险源的不同，在归纳借鉴国内外学者研究的基础上，充分考虑装备制造业与生产性服务业融合效应提升的风险因素，对风险因素进行集中组合、层次化处理，根据风险来源的不同，可将区域装备制造业与生产性服务业融合效应提升风险分为融合网络内生性风险与融合网络外生性风险，[124]共 7 大类别，每一类别又进行了二次分解细化，共 17 项风险因素，如图 4 – 6 所示。

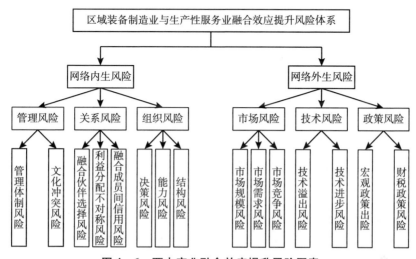

图 4 – 6 两大产业融合效应提升风险因素

（2）融合效应提升风险共担原则。

区域装备制造业与生产性服务业融合效应提升的风险共担应遵循以下三个原则：①对等原则。为保证参与方利益，各参与方在承担一定风险的同时，必须获得与之相应的利益。②动态原则。在区域装备制造业与生产性服务业融合效应提升过程中，风险事件发生时，所涉及的风险因素是动态变化的，原有的风险问题会在处理过程中极有可能导致新的风险问题出现，因此处理风险共担问题时必须有一定的灵活性，做好风险监控。③上限原则。必须设立风险承担上限，对于任一风险，一旦超出承担限制范围，皆由参与方协商确定份额，共同承担该风险事件所造成的经济损失。

（3）融合效应提升风险共担模型。

区域装备制造业与生产性服务业融合效应提升参与主体与合作伙伴就产业融合后所面对的各类预期风险及风险共担的具体合约条款进行沟通与协商。装备制造业与生产性服务业为了表达与伙伴合作的诚意，就两大产业融合效应提升的信息、双方可达到的收益结果，各方处于完全信息地位。

一是基本假设。①假设区域装备制造业与生产性服务业融合效应提升风险只在参与主体 P 和合作伙伴 Q 之间进行比例分担。考虑到谈判需要时间成本、经济成本以及谈判失败带来的沉没成本，双方出价是理性的。②假设上文探讨的二级风险因素之间不存在相互关联，且各风险因素的默认初始值都为 1。并且，任一风险的承担比例为 100%，假设参与主体承担 $\theta_i (0 \leqslant \theta_i \leqslant 1)$ 份额的风险，则合作伙伴需承担 $1 - \theta_i$ 份额的风险比例。③但由于装备制造企业是发起方并处于主导地位，拥有更多的话语权，各方属于地位非对称情况。因此，第一回合由装备制造企业先提出目标风险共担比例。合作伙伴对于装备制造企业的出价，可以选择接受或者拒绝接受。若接受，则合约条款订立，谈判结束；若拒绝接受，则进入第二回合，合作伙伴提出目标风险共担比例，由装备制造企业决定接受与否。谈判如此进行下去，伙伴各方轮流报价，直至双方达成一致，合约谈判结束。

二是参数讨论。①谈判损耗系数 φ。谈判过程中会产生一定的消耗，且由于资源的倾斜，还会造成一定的机会成本损失。随着讨价还价回合的增加，各方由此所产生的损耗及机会成本也不断增大。在建模过程中，为了更好地模拟各方讨价还价所耗费的时间、资金以及机会成本，引入谈判损耗系数 $\varphi_i (\varphi_i > 0)$，表示每一回合谈判的损耗成本。以 φ_1 表示参与主体每一回合的谈判损耗，φ_2 表示合作伙伴的谈判损耗。由于双方地位不平等，合作伙伴的损耗系数 φ_2 必然大于参与主体的谈判损耗系数 φ_1，即 $\varphi_2 > \varphi_1$。②风险转移份额 a_i。由于装备制造企业是发起方并处于主导地位，拥有更多的话语权，在风险共担谈判过程中具有比合作伙伴更高的话语权。表现在风险共担谈判中，参与主体可能会在每一回合的谈判中向合作伙伴转移一定比例的风险份额，降低自身的风险承担比例，由此引入风险转移份额概念 a_i，表示参与主体每一谈判回合向合作伙伴转移的风险份额。根据风险共担上限原则，转移的风险份额不能超过自身承担的份额数且不能将风险完全转移给合作伙伴。因此，参与主体每一回合承担的风险份额 θ_i、向合作伙伴转移的风险份额 a_i 之间满足 $0 \leqslant a_i < \theta_i < 1$。

三是模型建立。基于模型假设，第一回合由装备制造企业先提出目标风险承担份额 θ_1，则合作伙伴的风险承担份额为 $1 - \theta_1$。装备制造企业利用强势地位实际向合作伙伴转移 a_1 份额风险。则第一回合中参与主体、合作伙伴实际承担的风险份额 P_1、Q_1 分别为 $P_1 = \theta_1 - a_1$、$Q_1 = 1 - \theta_1 + a_1$。对于装备制造企业的首先出价，合作伙伴若接受则谈判达成一致；若不接受则进入第二回合，由合作伙伴提出目标风险共担方案。第二回合，合作伙伴提出由参与主体分担 θ_2 份额的风险，剩下的 $1 - \theta_2$ 由己方承担。从第二回合开始，装备制造企业产生谈判损耗系数 φ_1，合作伙伴产生谈判损耗系数 φ_2。此外，出于自身的强势地位，装备制造企业仍会向合作伙伴转移部分风险 a_2。则第二回合参与主体、合作伙伴实际承担的风险份额 P_2、Q_2 分别为 $P_2 = \varphi(\theta_2 - a_2)$、$Q_2 = \varphi(1 - \theta_2 + a_2)$。对于合作伙伴的出价，参与主体若接受则谈判达成一致；反之则进入第三回合，由参与主体重新提出风险共担方案。类比于第二回合，第三回合参与主体、合作伙伴承担的实际风险份额分别为 $P_3 = \varphi_1^2(\theta_3 - a_3)$、$Q_3 = \varphi_2^2(1 - \theta_3 + a_3)$。博弈如此循环，直到双方皆认为对方没有让步余地，谈判结束。

四是模型求解。显然，区域装备制造业与生产性服务业融合效应提升伙伴风险共担谈判是一个无限回合的博弈过程，模型的求解找不到逆推起始点，无法用有限回合讨价还价求解方法进行求解。本书基于萨顿等的研究结论，选取第三回合作为逆推起始点求解各项风险共担比例。考虑到双方都希望自己承担的风险尽量最少，因此第二回合合作伙伴能得到的最优结果为 $P_2 = P_3$，$\varphi_1(\theta_2 - a_2) = \varphi_1^2(\theta_3 - a_3)$，$\theta_2 = a_2 + \varphi_1(\theta_3 - a_3)$。此时，合作伙伴实际承担风险份额 $Q_2 = \varphi_2(1 - \varphi_1\theta_3 + \varphi_1 a_3)$。根据公式 $Q_3 = \varphi_2^2(1 - \theta_3 + a_3)$，比较合作伙伴在二、三回合实际承担的风险份额 Q_2 与 Q_3，得 $Q_2 - Q_3 = \varphi_2[(1 - \varphi_2) - (\varphi_1 - \varphi_2)(\theta_3 - a_3)]$。

由此可知，在第二回合的谈判中，各方都认为对方不会再存在让步空间，谈判结束，尚未进行第三回合，便转而回到第一回合。因此，第一轮谈判中参与主体的最优策略为 $Q_1 = Q_2$，$\theta_1 = 1 + a_1 - \varphi_2 + \varphi_1\varphi_2\theta_3 - \varphi_1\varphi_2 a_3$。

选择第三回合作为逆推起始点与选择第一回合作为逆推起始点，即 $\theta_3 = \theta_4$，$\theta_3 = 1 + a_1 - \varphi_2 + \varphi_1\varphi_2\theta_3 - \varphi_1\varphi_2 a_3$。设 $a_i = a$（常数），则装备制造业、生产性服务业与合作伙伴承担的风险比例子博弈精炼纳什均衡解如式（4 – 27）所示。

$$T^* = \frac{\varphi_z - 1}{\varphi_1\varphi_z - 1} + a$$

$$1 - T^* = \frac{\varphi_1\varphi_z - \varphi_z}{\varphi_1\varphi_z - 1} - a \qquad (4 - 27)$$

其中，T^* 表示参与主体名义承担风险比例，由参与主体的实际承担风险承担额与转移给合作伙伴的风险承担额 a 构成。a 的大小体现了参与主体相较于合作伙伴的地位强势程度。

4.3.3 融合效应提升伙伴结构优化

区域装备制造业与生产性服务业融合系统的目标与功能是指融合系统正向发展对融合系统内外要素的促进作用，即实现两大产业融合效应，而融合系统功能的实现依赖于融合系统结构。[125]优化区域装备制造业与生产性服务业融合系统支持网络层合作伙伴与核心网络层融合主体的结构，实现两个层次的良性契合，能够有效促进两大产业融合效应提升。

4.3.3.1　优化原理

本书借鉴协同优化的思想设计区域装备制造业与生产性服务业融合效应提升伙伴结构优化。[126][127]协同优化的基本框架主要包括核心层优化和支持层优化两个层次。以区域装备制造业与生产性服务业融合效应提升参与主体作为优化的核心层，以两大产业融合效应提升合作伙伴作为优化的支持层，支持层合作伙伴之间的耦合关系由核心层优化进行确定。[127]

（1）伙伴结构优化是指在装备制造业与生产性服务业融合效应提升过程中，必须对参与主体、合作伙伴之间的相互作用进行分析，并充分利用这些相互作用促进两大产业融合效应提升的方式和方法。

$$\Delta_{Target} = \left(\sum_i \Delta_{Subtarget} \right) + \Delta_{Co} \qquad (4-28)$$

式中，Δ_{Target}表示目标总绩效，$\sum_i \Delta_{Subtarget}$表示子目标的绩效之和，$\Delta_{Co}$表示在两大产业战略协同指导下，考虑子目标间相互影响之后的绩效增量。

（2）子目标本身在职能上相互独立，但相互之间还存有物质和信息交换关系的基本模块。设计变量用于描述区域装备制造业与生产性服务业融合效应提升伙伴结构特征，在设计过程中，是可以被控制的一组相互独立的变量。状态变量是用于描述目标或子目标的功能或特征的一组参数。约束条件是目标或子目标在运行过程中需要满足的制约条件。融合效应提升伙伴结构最优化是区域装备制造业与生产性服务业融合效应提升过程中，各子目标为了实现战略目标而发生的时空维度上的合作关系。参与主体作为核心层，负责战略规划和引领装备制造业与生产性服务业融合效应提升的整体方向。合作伙伴作为支持层，负责相容性优化和研究装备制造业与生产性服务业融合效应提升的可行性。

4.3.3.2　优化模型

以区域装备制造业与生产性服务业融合系统组织网络结构为基础设计优化模型的结构，优化模型分为两个层次：核心层与支持层，如图4-7所示。核心层负责区域装备制造业与生产性服务业融合效应提升组织结构全局的优化，支持层负责自身的优化。支持层优化的目标就是使合作伙伴的结构设计方案与核心层装备制造业与生产性服务业融合效应提升最优化提供的战略效应最优化之间的差异最小。融合效应提升伙伴结构最优化数学描述如下。

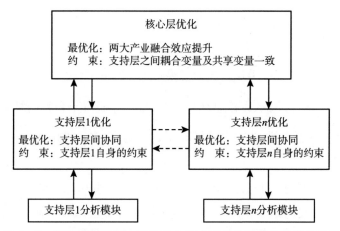

图4-7　战略引领下两大产业融合效应提升伙伴结构优化的运行

参与主体核心层：

$$\min f(x)$$
$$s.t.\quad C(x)=0 \tag{4-29}$$

合作伙伴支持层：

$$\min C_i(x^*)$$
$$s.t.\quad g_i(x)$$
$$C_i(x)=(x-x^{**})^T(x-x^{**})$$

$$C_i(x^*) = (x^* - x)^T (x^* - x)$$

$$i = 1, 2, 3, \cdots, n \tag{4-30}$$

式中，x 表示不同系统层的设计变量，$f(x)$ 表示目标函数，$C_i(x)$ 表示各子系统的相容性约束，x^* 表示子系统层中的设计变量，x^{**} 表示子系统中设计变量的最优化结果，$C_i(x^*)$ 表示子系统的目标函数，n 表示变量数目。

4.3.3.3　优化流程

区域装备制造业与生产性服务业融合效应提升伙伴结构具体的优化流程如图 4 - 8 所示。

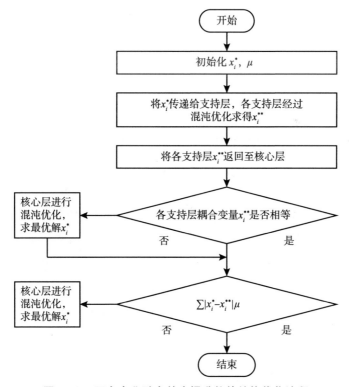

图 4 - 8　两大产业融合效应提升伙伴结构优化流程

131

4.4　区域装备制造业与生产性服务业
融合效应提升价值整合机制

从组织理论的角度来看，区域装备制造业与生产性服务业融合效应的提升是以获得最优的两大产业融合效应价值为目标。在战略协同、伙伴优化的基础上，对融合价值链进行系统性整合，提高两大产业融合要素的价值增值能力。

4.4.1　融合效应提升价值要素盘点

价值要素盘点是区域装备制造业与生产性服务业融合效应提升价值整合的起点，直接影响两大产业融合效应的提升效率、效果。伴随区域装备制造业与生产性服务业融合效应提升价值活动的变化，价值链重构所需价值要素也在不断地发生改变。因此，需要动态地定期盘点融合效应提升价值要素，厘清影响两大产业融合效应提升的核心价值要素，识别两大产业融合效应提升价值缺口。

4.4.1.1　融合效应提升价值要素分解

价值要素分解是在对融合后所构建的装备制造业与生产性服务业价值链进行分析的基础上，进一步识别不同价值环节的价值增值潜力，对可模块化的低价值环节进行剥离，进而实现原有价值增值单位的进一步分解，最终形成两大产业融合效应提升价值单元，并对价值单元进行价值增值能力构建，使其能够独立完成两大产业融合效应提升价值增值。

4.4.1.2　融合效应提升核心价值识别

为区域装备制造业与生产性服务业融合效应提升提供关键价值的

活动为核心价值活动。[128][129]在两大产业现有融合价值链中，遴选全部价值作业活动，即对两大产业融合系统各方投入的全部价值活动进行分析，分析出两大产业融合价值链的专有核心价值活动。[130]最终我们发现，两大产业融合价值活动的价值贡献正向促进融合效应的提升效率、效果，此外还受到两大产业融合价值增值能力的影响。

4.4.1.3　融合效应提升价值缺口诊断

为了强化区域装备制造业与生产性服务业融合效应提升价值增值能力，在识别核心价值要素的基础上，还需准确诊断两大产业融合价值缺口。

（1）融合效应提升价值缺口诊断过程。

区域装备制造业与生产性服务业融合效应提升价值缺口受内外因素综合驱动产生，在两大产业融合发展过程中会形成一系列融合价值活动，进而产生对某些价值资源的需求。由于两大产业融合系统自身价值资源禀赋与价值资源需求不匹配而产生价值需求与价值供给之间的差距，区域装备制造业与生产性服务业融合效应持续提升的关键是通过持续不断的融合活动而形成新的融合价值增值。因此，价值缺口主要是融合系统各参与主体间在进行两大产业融合效应提升过程中的价值缺口。

区域装备制造业与生产性服务业融合效应提升价值缺口诊断始于用户价值需求的分析，两大产业融合系统在分析外部用户环境、政策环境的前提下，制定融合系统当前的价值增值计划，然后将融合活动所需的价值资源与融合现有价值资源供给体系进行匹配。在此基础上，确定价值缺口。最后，依据价值缺口的分类，制定并采取相应的价值职能弥补策略。

综上分析发现，区域装备制造业与生产性服务业融合效应提升价值缺口的诊断，是一个动态循环的过程。具体过程如图4－9所示。

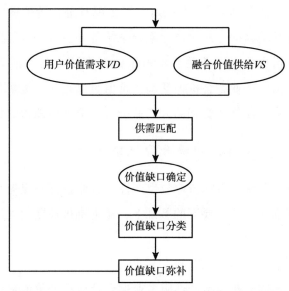

图 4 – 9　两大产业融合效应提升价值缺口诊断过程

（2）融合效应提升价值缺口确定。

识别区域装备制造业与生产性服务业融合效应提升价值缺口可以通过两大产业融合价值的供需匹配来实现。区域装备制造业与生产性服务业融合效应提升价值匹配集合 DS 如图 4 – 10 所示。

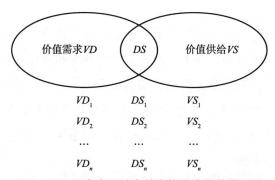

图 4 – 10　两大产业融合效应提升价值供需匹配

VD 表示用户价值需求集合，VS 表示区域装备制造业与生产性服务业融合价值供给集合。在明确双方价值集合的基础上，对二者进行匹配。我们能够寻找到两个价值集合的不匹配部分，并确定两大产业融合价值缺口集合 DS。需要注意的是，用户价值需求集合 VD 中的需求子项，依次在两大产业融合价值供给 VS 集合中搜寻匹配项。其中，某些用户价值需求子项，可能需要 VS 中的不同融合价值供给子项进行组合，才能实现真正意义上的匹配。与此同时，某些融合价值供给子项也可能同时满足不同的用户价值需求项。

4.4.2 融合效应提升价值职能获取

通过对区域装备制造业与生产性服务业融合系统内外环境的扫描和用户价值需求的识别，可以诊断出融合效应提升价值资源缺口。为了实现装备制造业与生产性服务业融合效应提升的战略目标，保证两大产业融合效应提升效率和效果，必须构建有效的两大产业融合效应提升价值获取机制，完善两大产业融合效应提升价值体系，弥补两大产业融合效应提升价值缺口，进而为后期的两大产业融合效应提升价值重构提供基础保障。

4.4.2.1 融合效应提升价值获取影响因素

区域装备制造业与生产性服务业融合效应提升价值获取会受到多种因素影响，并形成有向的影响因素链。本书主要从区域装备制造业与生产性服务业融合效应提升有效价值的获取去弥补价值缺口。

本书基于相关学者的研究成果，分析发现融合效应提升价值有效性（Y_1）、价值分散性（Y_2）、融合网络（Y_3）、组织间信任度（Y_4）、融合知识依赖性（Y_5）、价值异质性（Y_6）、战略导向（Y_7）、融合系统开放性（Y_8）、价值识别（Y_9）是两大产业融合效应提升价值获取（Y_0）的关键影响因素。本书利用解释结构模型，依据上述影响因素的相邻矩阵，建立专家评判关系，如表 4-6 所示。

表 4 – 6 专家评判关系表 （表中缺框为 0）

价值获取因素	Y_0	Y_1	Y_2	Y_3	Y_4	Y_5	Y_6	Y_7	Y_8	Y_9
Y_0	1									
Y_1	1	1					1			
Y_2	1		1			1	1			1
Y_3	1	1		1	1			1		
Y_4	1				1	1	1	1		1
Y_5	1					1				
Y_6	1						1			
Y_7	1							1		
Y_8	1	1	1		1	1	1		1	
Y_9	1									1

建立区域装备制造业与生产性服务业融合效应提升价值获取影响因素的可达矩阵 R：

$$R = \begin{pmatrix} 1 & 0 & 0 & 0 & 0 & 0 & 0 & 0 & 0 & 0 \\ 1 & 1 & 0 & 0 & 0 & 0 & 1 & 0 & 0 & 0 \\ 1 & 0 & 1 & 0 & 0 & 1 & 1 & 0 & 0 & 1 \\ 1 & 1 & 0 & 1 & 1 & 1 & 1 & 1 & 0 & 1 \\ 1 & 0 & 0 & 0 & 1 & 1 & 1 & 1 & 0 & 1 \\ 1 & 0 & 0 & 0 & 0 & 1 & 0 & 0 & 0 & 0 \\ 1 & 0 & 0 & 0 & 0 & 0 & 1 & 0 & 0 & 0 \\ 1 & 0 & 0 & 0 & 0 & 0 & 0 & 1 & 0 & 0 \\ 1 & 1 & 1 & 0 & 1 & 1 & 1 & 0 & 1 & 1 \\ 1 & 0 & 0 & 0 & 0 & 0 & 0 & 0 & 0 & 1 \end{pmatrix} \qquad (4-31)$$

对两大产业融合效应提升价值获取影响因素的可达矩阵进行级间划分，见表 4 – 7。

表 4 − 7 第一级的可达集与前因集

Y_i	$R(Y_i)$	$A(Y_i)$	$R \cap A$
Y_0	0	0, 1, 2, 3, 4, 5, 6, 7, 8, 9	0
Y_1	0, 1, 6	1, 3, 8	1
Y_2	0	2, 8	2
Y_3	0, 1, 3, 4, 5, 6, 7, 9	3	3
Y_4	0, 4, 5, 6, 7	3, 4, 8	4
Y_5	0, 5	2, 3, 4, 5, 8	5
Y_6	0, 6	1, 2, 3, 4, 6, 8	6
Y_7	0, 7	3, 4, 7	7
Y_8	0, 1, 2, 4, 5, 6, 8, 9	8	8
Y_9	0, 9	2, 3, 4, 8, 9	9

　　划去可达矩阵中区域装备制造业与生产性服务业融合效应提升价值获取 Y_0 所对应的行和列，得到影响因素的可达集和前因集，如表 4 −8 所示。

表 4 − 8 第二级的可达集与前因集

Y_i	$R(Y_i)$	$A(Y_i)$	$R \cap A$
Y_1	1, 6	1, 3, 8	1
Y_2	2, 5, 6, 9	2, 8	2
Y_3	1, 3, 4, 5, 6, 7, 9	3	3
Y_4	4, 5, 6, 7	3, 4, 8	4
Y_5	5	2, 3, 4, 5, 8	5
Y_6	6	1, 2, 3, 4, 6, 8	6
Y_7	7	3, 4, 7	7
Y_8	1, 2, 4, 5, 6, 8, 9	8	8
Y_9	9	2, 3, 4, 8, 9	9

该集 $R(Y_5) \cap A(Y_5) = R(Y_5)$，$R(Y_6) \cap A(Y_6) = R(Y_6)$，$R(Y_7) \cap A(Y_7) = R(Y_7)$，$R(Y_9) \cap A(Y_9) = R(Y_9)$。5，6，7，9 为最高级要素。则第二层要素为 $\{Y_5, Y_6, Y_7, Y_9\}$。划去可达矩阵中 Y_5，Y_6，Y_7，Y_9 所对应的行和列，得到区域装备制造业与生产性服务业融合效应提升价值获取影响因素可达集和前因集，如表 4 – 9 所示。

表 4 – 9   第三级的可达集与前因集

Y_i	$R(Y_i)$	$A(Y_i)$	$R \cap A$
Y_1	1	1，3，8	1
Y_2	2	2，8	2
Y_3	1，3，4	3	3
Y_4	4	3，4，8	4
Y_8	1，2，4，8	8	8

该集 $R(Y_1) \cap A(Y_1) = R(Y_1)$，$R(Y_2) \cap A(Y_2) = R(Y_2)$，$R(Y_4) \cap A(Y_4) = R(Y_4)$。划去可达矩阵中 Y_1，Y_2，Y_4 所对应的行和列，得到区域装备制造业与生产性服务业融合效应提升价值获取影响因素可达集和前因集，如表 4 – 10 所示。该集因此有 $R(Y_3) \cap A(Y_3) = R(Y_3)$，$R(Y_8) \cap A(Y_8) = R(Y_8)$，该级最高级要素为 3、8。则第四层要素为 $\{Y_3, Y_8\}$。

表 4 – 10   第四级的可达集与前因集

Y_i	$R(Y_i)$	$A(Y_i)$	$R \cap A$
Y_3	3	3	3
Y_8	8	8	8

根据上述分析构建的区域装备制造业与生产性服务业融合效应提升价值获取影响因素解释结构模型结构，如图4-11所示。

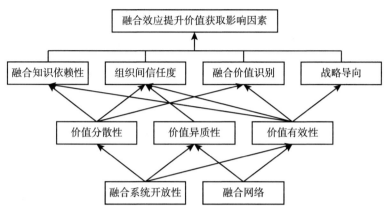

图4-11 两大产业融合效应提升价值获取的影响因素解释结构模型

分析发现，区域装备制造业与生产性服务业融合效应提升价值获取的影响因素可以划分为两大产业融合系统内部、两大产业融合价值特性、两大产业融合系统外部三个层次，对区域装备制造业与生产性服务业融合价值获取的影响是逐层有向的。

4.4.2.2 融合效应提升价值获取路径

本书主要以有效价值为基础来寻求价值获取的路径。为了能获得有效融合效应提升价值，选择科学的价值获取渠道。[131]

本书在对价值属性、价值增值目标与价值获取成本进行综合分析的基础上，将它们作为确定不同类别有效价值的优先获取渠道。依据这三个维度的分析，将有效价值类别划分为8个有效价值空间。具体如图4-12所示。

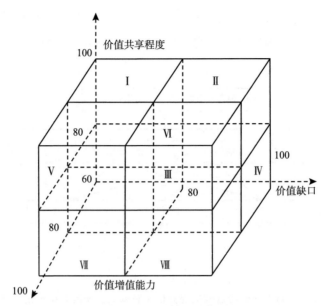

图 4 – 12　有效价值类别

　　根据装备制造业与生产性服务业融合的有效价值属性，进行获取渠道分析：（1）价值共享程度。组织在参与融合时本身会共享自身价值，这些价值会免费获得。但对于那些共享程度低的价值来说，则可以通过长期合作以及并购的方式来获取。（2）融合系统发展紧迫性。组织在参与产业融合过程中常常伴随着风险，因此组织定会经过深思熟虑，因此获取有效价值的重点渠道通常是融合组织需求紧迫性高的价值。（3）具备显著性效益的价值。这样的价值通常属于核心价值，因此这些价值的获取成为获得价值增值收益的优选渠道。具体如表 4 – 11 所示。

表 4 – 11　　　　　　　　不同类别有效价值的获取渠道

有效价值类别	优选获取渠道
I	经验总结、建立价值共享数据库等
II	企业专家团队从"价值库"中进行挖掘、专家短期工作等

续表

有效价值类别	优选获取渠道
Ⅲ	重点利用杠杆资源的杠杆作用
Ⅳ	中介机构、购买等
Ⅴ	构建学习型组织、产业融合系统等
Ⅵ	融合系统中寻求关键合作伙伴、构建核心团队等
Ⅶ	人才引进、竞争企业价值吸引等
Ⅷ	顾客、经销商价值共享等

4.4.3　融合效应提升价值结构调整

当区域装备制造业与生产性服务业融合效应提升价值单元处于限制性资源环境时，在内部价值供应与外部价值供应流程间存在资源与能力的分配和优化问题。价值配置要避免局部最优和完全内部化，要在价值单元价值最大化的基础上保证整体价值增值优势。

4.4.3.1　融合效应提升价值匹配

区域装备制造业与生产性服务业融合效应提升价值匹配是以用户价值需求为依据，以融合效应价值重构的效率和效益为目标，调整当前价值分配的过程。在识别融合效应提升价值缺口的基础上，通过进一步合作获取大量的相关价值资源。[132]然而，在获取这些价值资源的同时也获得了部分的资源或能力冗余，需要对多种类型的价值资源进行匹配以期获得最好的融合价值增值效益。云计算理论的快速发展[133]为区域装备制造业与生产性服务业融合效应提升价值匹配活动的顺利开展、价值匹配效率的提高创造了优势。融合效应提升价值匹配活动是一个按用户需求不断分解与重构价值的过程，将云计算理论引入融合效应提升价值匹配的研究中，当存在多个价值需求任务时通过融合云平台整合能够解决不同用户需求的不同类型价值，通过采用线上与线下相结合的互动模式，从而有效促进价值匹配的顺利进行。因此，区域装备制造业与生产性服务业融合效应提升价值匹配是指在用户需求价值的目标需求分解下，融合组织通过价值获取机制获得大量价值，经过融合组织间的价值补充、协调找到所需的价值类型来实现融合价值匹配，并把匹配到的融合价值存在价值匹配结果库中。匹配过程原理如图 4 – 13 所示。

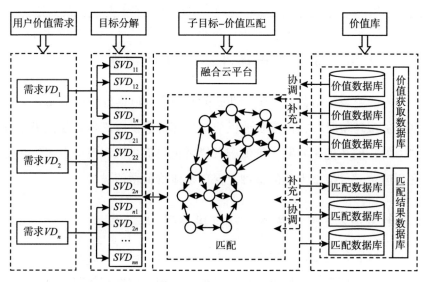

图 4 – 13　两大产业融合效应提升价值匹配过程原理

区域装备制造业与生产性服务业融合效应提升价值类型多样、动态性与分散性强，因此对价值描述方法提出了更高的要求。为了保证价值匹配效率和效果，本书选用多层次匹配算法对融合价值的 4 个层次进行匹配，匹配模型定义如式（4 – 32）所示。

$$S = \langle S_t, \ S_f, \ S_q, \ S_c \rangle \qquad (4 – 32)$$

（1）类型匹配。

类型匹配法是价值匹配最常用的方法，融合系统通过设定相应的最低限度条件去除不满足区域装备制造业与生产性服务业融合效应提升价值增值需要的价值类型。该方法比较简单且容易操作，因此安排在第一层。阈值设定为 S_t。融合组织性质的不同决定了其对价值描述的差异性，柔性匹配方式是在实际匹配过程中的第一选择。为了确保价值匹配的柔性效果，将 1 作为一类的价值赋值，将 1/2 作为异类价值赋值。

（2）功能匹配。

功能匹配法是对区域装备制造业与生产性服务业融合效应提升价值功能进行描述的匹配，阈值设定为 S_f。设定一个具有 m 个功能描述的价值 P 与一个具有 n 个功能描述的价值 R 可表示为向量 $P = \{p_1, p_2, \cdots, p_m\}$，$R = \{r_1, r_2, \cdots, r_n\}$ 的形式，设定 1 为价值匹配相似性的阈值。

（3）约束匹配。

约束匹配法是对价值匹配的非功能性信息进行约束匹配。该部分匹配能够充分满足用户价值需求，因此放在功能匹配的后面。阈值设定为 S_q。

（4）综合匹配。

在前面三个层次匹配计算的基础上对区域装备制造业与生产性服务业融合效应提升价值进行综合匹配。依据用户对每层的重视程度，设定匹配权重 γ_1，γ_2，γ_3 来调节，通过设定相应的权值进一步对价值进行综合匹配度计算。阈值设定为 S_c。

$$S(P, R) = \gamma_1 S(P, R)t + \gamma_2 S(P, R)f + \gamma_3 S(P, R)q \frac{1}{2}$$

$$(4-33)$$

4.4.3.2　融合效应提升价值组合

针对不同的用户价值需求，需要通过重构不同成员候选价值的配置方式。区域装备制造业与生产性服务业融合效应提升价值重构受制于资源和信息的稀缺性、整合能力的局限性以及用户价值需求的多样性,[134][135]如何重构最佳融合价值成为满足目标任务的关键问题。

基于上述分析,进一步构建价值重构优化模型,侧重剖析基于多用户价值需求的区域装备制造业与生产性服务业融合效应提升价值优化配置过程。

（1）问题描述。

面向多用户价值需求的区域装备制造业与生产性服务业融合效应提升价值重构问题可抽象如下:

①融合效应提升价值组合描述。区域装备制造业与生产性服务业融合效应提升价值数据库是不同的融合价值单元集合。在融合系统中,每个融合组织成员都具有一定的功能价值资源包,可以将这种功能价值包作为候选价值单元集,即 $VT = \{v_1, v_2, \cdots, v_k\}$。其中,$v_k$ 表示一种功能价值包。

②用户价值需求指标描述。区域装备制造业与生产性服务业融合价值重构方案,可以表示为 $Q(v_{jk}) = \{q_1(v_{jk}), q_2(v_{jk}), \cdots, q_u(v_{jk})\}$。$v_{jk}$ 表示第 j 个融合成员所能提供的第 k 种功能价值。q_u 表示用户价值需求属性指标,其中 $u = 1, 2, \cdots, U$。$q_u(T_i)$ 表示用户价值需求属性指标约束,用户价值需求需要分解为一定的价值需求指标 $Q(T_i) = \{q_1(T_i), q_2(T_i), \cdots, q_u(T_i)\}$ 组合去完成。为最大限度地满足用户价值需求,应侧重选取总匹配度 $Q(v_{jk})$ 最大的价值重构方案。

（2）模型构建。

区域装备制造业与生产性服务业融合价值链是一个复杂网络系统,这意味着融合价值重构过程错综复杂。基于云计算相关理论,[136]基于用户价值需求的融合价值重构可以转化为串联价值服务。

借鉴 Web 组合的思想将区域装备制造业与生产性服务业融合价值组合划分为串联、并联、混联三种重构结构,如图 4－14 所示。

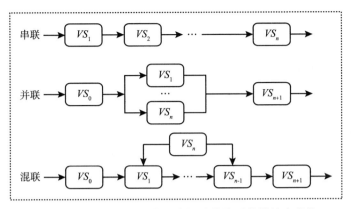

图 4 – 14 两大产业融合效应提升价值重构的链表结构

在区域装备制造业与生产性服务业融合效应价值重构过程中，需要注意以下三点：一是 $[T(VS)，Q(VS)，C(VS)，A(VS)，M(VS)]$ 表示任意融合效应提升价值 VS 的指标因素；二是 $O(W_i) = [T(W_i)，Q(W_i)，C(W_i)，A(W_i)]$ 表示第 i 个价值组合执行路径 W_i 的优选模型；三是 $M(W_i)$，则 $O(W_i)$ 可由式（4 – 34）计算得出。

$$\begin{cases} T(W_i) = \sum_{j=1}^{N} T(VS) \\[2mm] Q(W_i) = \dfrac{\sum_{j=1}^{N} T(VS)}{N} \\[2mm] C(W_i) = \sum_{j=1}^{N} C(VS) \\[2mm] A(W_i) = \sum_{j=1}^{N} A(VS) \\[2mm] M(W_i) = \sum_{j=1}^{N} M(VS) \end{cases} \qquad (4-34)$$

区域装备制造业与生产性服务业融合效应提升价值库存在一个动态加入与删除的过程，根据用户价值需求的不同将现有的融合价值进行重构。考虑到融合价值的复杂性、动态性以及多样性特征，同时，融合价值组合优选指标相互关联且难以量化，因此，本书采用灰色关联度的方法来求解该模型，具体步骤如下：

①指标规范化处理。

$$y_{ij} = \begin{cases} \dfrac{\mu_{ij} - \min\limits_{1 \leqslant i \leqslant k}\{\mu_{ij}\}}{\max\limits_{1 \leqslant i \leqslant k}\{\mu_{ij}\} - \min\limits_{1 \leqslant i \leqslant k}\{\mu_{ij}\}} & \max\limits_{1 \leqslant i \leqslant k}\{\mu_{ij}\} - \min\limits_{1 \leqslant i \leqslant k}\{\mu_{ij}\} \neq 0 \\ 1 & \max\limits_{1 \leqslant i \leqslant k}\{\mu_{ij}\} - \min\limits_{1 \leqslant i \leqslant k}\{\mu_{ij}\} = 0 \end{cases} \quad (4-35)$$

$$y_{ij} = \begin{cases} \dfrac{\max\limits_{1 \leqslant i \leqslant k}\{\mu_{ij}\} - \mu_{ij}}{\max\limits_{1 \leqslant i \leqslant k}\{\mu_{ij}\} - \min\limits_{1 \leqslant i \leqslant k}\{\mu_{ij}\}} & \max\limits_{1 \leqslant i \leqslant k}\{\mu_{ij}\} - \min\limits_{1 \leqslant i \leqslant k}\{\mu_{ij}\} \neq 0 \\ 1 & \max\limits_{1 \leqslant i \leqslant k}\{\mu_{ij}\} - \min\limits_{1 \leqslant i \leqslant k}\{\mu_{ij}\} = 0 \end{cases} \quad (4-36)$$

②相对最优灰色关联度矩阵计算如式（4-37）所示。

$$\theta_{ij} = \frac{\min\limits_{i}\min\limits_{j}|y_{ij} - 1| + \sigma\max\limits_{i}\max\limits_{j}|y_{ij} - 1|}{|y_{ij} - 1| + \sigma\max\limits_{i}\max\limits_{j}|y_{ij} - 1|} \quad (4-37)$$

③专家调查法指标赋权。采用专家调查法，对区域装备制造业与生产性服务业融合效应提升价值组合优选的指标进行赋权。然后，对收集的统计数据进行假设检验。目标变量的权值矩阵 $\xi = [\xi_1, \xi_2, \cdots, \xi_j, \cdots, \xi_n]$。其中，$\xi_j$ 表示第 j 个目标变量的权值。

$$\sigma = \sum_{i=1}^{m} \frac{(\rho_i - nW_i)^2}{nW}$$

$$\begin{cases} \xi_j = h\xi_j' \\ \sum\limits_{j=1}^{n}\xi_j = 1 \end{cases} \Rightarrow \xi_j = \frac{\xi_j'}{\sum\limits_{j=1}^{n}\xi_j' = 1} \quad (4-38)$$

④计算灰色关联度：χ_i 的值越大，所对应的装备制造业与生产性服务业融合价值组合方案越优。

$$\begin{cases} \chi_i = \partial_{ij}\xi_j^T \\ OptX = \max\{\chi_1, \chi_2, \cdots, \chi_n\} \end{cases} \quad (4-39)$$

由上文可知，区域装备制造业与生产性服务业融合效应提升价值网络是由两大产业融合价值环节有机构成的，是两大产业协同与多个外部主体交互并不断获取融合价值要素,[137]逐渐形成面向用户需求的融合输出。在这一过程中,用户、学研机构、中介机构等诸多利益相关者均成为重要参与者,原有单一组织的价值增值过程转变为多组织协同的价值共创过程,不仅谋求"自增强",也与价值网络中其他主体"同发展"。如图 4 - 15 所示。

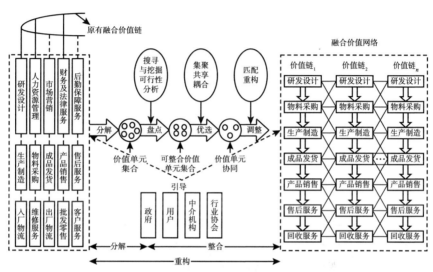

图 4 - 15　两大产业融合效应提升价值网络模型

4.5　区域装备制造业与生产性服务业融合效应提升实现机制运行

4.5.1　融合效应提升实现机制运行过程

安索夫(Ansuofu,2016)指出战略协同对组织价值增值产生显著的正效应,[138]因此,区域装备制造业与生产性服务业融合主体间的战略协同是实现融合效应提升的先决条件。[139]然而,由于要素质量低下、要素水平不匹配或者协同能力低下,两大产业融合系统内粗糙的"组织堆砌"和"资源拼凑"会导致融合成果转化脱节。因此,两大产业融合效应提升的实现需要确保参与融合效应提升的合作伙伴质量最优、匹配最佳。此外，在频繁交流、保持长久关系以及战略协同的前提下，参与主体借助外脑和外部知识注入的手段不断提升融合效应，提升价值增值能力。在确保两大产业融合效应提升实现要素最优、结构最佳的基础上，融合系统内的融合组织主导者或主导者组合采取一系列的策略、措施和方法对两大产业融合价值链进行系统性设计、分解、整合[140]和重构，能够清晰认识和明确定位融合效应提升实现的价值缺口，并通过一定的手段构筑区域两大产业融合效应提升实现的核心价值增值能力。

4.5.2 融合效应提升实现机制运行模型

区域装备制造业与生产性服务业融合效应提升实现机制运行模型如图4-16所示。

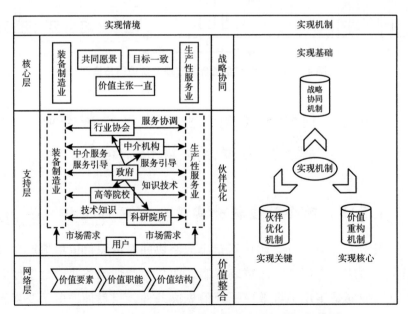

图4-16 两大产业融合效应提升实现机制运行模型

4.5.3　融合效应提升实现机制运行管理策略

通过对区域装备制造业与生产性服务业融合效应提升实现机制的运行分析，得到以下主要结论及管理策略：（1）协同战略共享。通过分析区域装备制造业与生产性服务业融合效应提升价值获取影响因素，发现融合组织需要通过建立战略共享数据库、专家团队，通过价值整合的方式来获取能够满足融合效应提升的有效价值。（2）有效价值二次开发。装备制造业与生产性服务业在获取有效价值的基础上进行价值二次开发并形成全新的有效价值体系，是在有效价值整合的基础上不断进行学习与探索，并通过构建核心团队、人才引进等方式从有效融合效应提升价值中，再次提炼出各自的有效价值，从而形成帕累托效应。（3）潜在价值探索。杠杆价值资源是指融合组织自身通过拥有的独特价值去寻找更好的发展机会，而在这个过程中其他价值的情况往往是不需要考虑的。[141]

4.6　本章小结

从机制分析、机制构建、机制运行三个方面对区域装备制造业与生产性服务业融合效应提升实现机制进行详细设计。首先，分析两大产业融合效应提升实现机制的内涵、特征与总体架构。其次，设计两大产业融合效应提升实现机制的构建过程。处于两大产业融合组织网络核心层的装备制造业与生产性服务业基于共赢的价值观形成、实施并控制两大产业融合效应提升的协同战略，引领实现两大产业融合效应提升的战略方向。在战略协同的基础上，分别从伙伴选择、伙伴关系与伙伴结构三个方面对处于两大产业融合组织网络支持层的融合效应提升合作伙伴进行优化。在两大产业融合效应提升战略协同、伙伴优化的基础上，定期盘点两大融合效应提升价值要素，定位关键价值优势，识别价值要素缺口并选择一定的途径获取价值职能，深化实现两大产业融合效应提升。最后，对两大产业融合效应提升实现机制的运行进行分析。在机制运行过程分析的基础上，构建相应的机制运行模型，并提出相应的机制运行管理策略。

第 5 章

区域装备制造业与生产性服务业
融合效应提升调控机制

区域装备制造业与生产性服务业融合效应提升过程中受到各类潜在要素的影响，科学的调控是实现区域两大产业融合效应有效提升的必要环节。本章面向区域两大产业融合效应目标与提升需要，科学地构建区域装备制造业与生产性服务业融合效应提升调控机制，进而反馈前面两章所设计的驱动机制与实现机制。

5.1 区域装备制造业与生产性服务业
融合效应提升调控机制分析

5.1.1 融合效应提升调控机制内涵与特征

5.1.1.1 融合效应提升调控机制内涵界定

根据控制论思想，区域装备制造业与生产性服务业融合效应提升调控机制是指建立在信息反馈的基础上，对两大产业融合效应进行动态监测，通过科学方法有效收集、获取、识别、评价反馈信息，并针对评价结果进行调节，再向两大产业融合效应提升过程进行信息反馈输入，进而实现对两大产业融合效应提升过程的优化调整和控制。具体来说，调控机制是针对装备制造业与生产性服务业融合效应提升状况的全面评估、反馈与调节，[142]包括区域装备制造业与生产性服务业融合效应提升影响因素评价、水平评估与提升态势预判，基于两大产业融合效应提升评价结果的反馈体系构建以及基于优、劣势因素与机制不足的激励约束等调节策略设计。

5.1.1.2 融合效应提升调控机制特征分析

区域装备制造业与生产性服务业融合效应提升调控机制具有以下特点：（1）时间性。对于区域装备制造业与生产性服务业融合效应反馈信息的调控，调控行动的速度越快，对区域两大产业融合效应提升过程中重点要素和环节进行控制的实行就越顺利。（2）动态性。根据对区域装备制造业与生产性服务业融合效应提升的影响程度和重要程度，对两大产业融合效应提升过程中的影响因素等进行动态考察，以掌控区域两大产业融合效应提升的全过程。（3）激励性。区域装备制造业与生产性服务业融合效应提升调控机制不是一味地进行成本控制、流程压缩和资源缩减，而是把有限的资源配置到真正产生效益的环节，对提升效率的环节、方向和特色应予以激励，对风险大、方向偏、作用甚微的环节和流程进行适当约束。

5.1.2 融合效应提升调控机制总体架构

本书将从两个方面来理解区域装备制造业与生产性服务业融合效应提升调控机制：一是当装备制造业与生产性服务业融合效应提升状态没有与预期目标发生偏离时，需要继续保持提升机制现有的良好运作状态；二是当装备制造业与生产性服务业融合效应提升受到扰动刺激与预期目标失衡时，则需要一系列反馈调节的控制手段进行科学干预。由此可见，区域装备制造业与生产性服务业融合效应提升调控机

制的构建过程，是由评价、反馈与调节三个步骤实现的。评价机制是
对区域装备制造业与生产性服务业融合效应提升水平进行评估，并预
判两大产业融合效应提升态势，为调控奠定了信息基础；反馈机制是
基于区域装备制造业与生产性服务业融合效应提升的评价结果进行反
馈控制，为调控提供了理论依据；调节机制是依据区域装备制造业与
生产性服务业融合效应提升的评价与反馈结果，针对现有提升机制的
不足和优、劣势因素进行激励与约束等调节控制。

　　综上所述，区域装备制造业与生产性服务业融合效应提升调控机
制主要包括评价机制、反馈机制、调节机制，具体如图 5 - 1 所示。

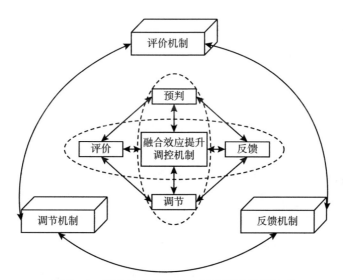

图 5 - 1　两大产业融合效应提升调控机制构成

5.2　区域装备制造业与生产性服务业
融合效应提升评价机制

　　区域装备制造业与生产性服务业融合效应提升的战略目标在执行
过程中，难免会遇到动力驱动弱化、实现能力刚性等各类问题，进而

导致提升进程与预期目标失衡现象的产生，因此，需要通过一定的手段，对装备制造业与生产性服务业融合效应进行评价，全面把握装备制造业与生产性服务业融合效应提升的现有水平与动态趋势，及时反馈并调整。

5.2.1 融合效应水平评价

区域装备制造业与生产性服务业融合效应水平的测度是进行融合效应提升评价的前提，本书以两大产业融合效应水平的测度结果为基础进行融合效应提升水平这一增量的评价。基于前文对两大产业融合自效应、溢出效应的分析，借鉴国内外相关的效应评价思路和方法，综合测度两大产业融合效应水平。

（1）融合效应评价指标。

区域装备制造业与生产性服务业融合效应要素与测评指标之间的关系就如同土壤与庄稼的关系，深入分析两大产业融合效应要素的目的在于构建出科学合理的融合效应测评指标体系。如表5-1所示。

表5-1　　　　　　　两大产业融合效应评价指标体系

目标层	准则层	指标层	指标来源
融合效应评价指标体系 M	产业高质量发展效应 M_1	产业中高端行业比重 P_1	白云朴、惠宁等[143]
		两大产业新产品产值 P_2	
		工业增加值和新产品产值 P_3	
	产业竞争力提升效应 M_2	市场占有率 P_4	
	经济促进效应 M_3	区域 GDP 指标 P_5	潘霞、鞠晓峰等[144]
	社会进步效应 M_4	消费效应指数 P_6	陈鹏、逯元堂等[145]
		大专以上学历就业者比率 + 高校毕业生就业率 P_7	穆荣平、庄亚明等[146]
	生态优化效应 M_5	单位 GDP 能耗的倒数 P_8	张亚明、李苗等[147]

（2）融合效应评价模型。

为减少主观因素影响，刻画区域装备制造业与生产性服务业融合效应的多维性特征，本书选择多指标综合评价方法实现相关指标的综合分析与计算，并利用熵值法[148]确定区域装备制造业与生产性服务业融合子效应水平及综合水平以降低指标赋权时人为因素的干扰，保证评价指标的准确性与可靠性。具体参考如下：

第一步，两大产业融合效应指标的标准化。对于区域装备制造业与生产性服务业融合效应水平测度指标，本书采用极差法进行标准化处理。本书参考黄庆华等[149]的研究经验进行量纲处理。具体的标准化计算如下。

正向指标标准化如式（5-1）所示。

$$\lambda_{ij} = \frac{x_{ij} - \min(x_{ij}, \cdots, x_{nj})}{\max(x_{ij}, \cdots, x_{nj}) - \min(x_{ij}, \cdots, x_{nj})} + 1 \qquad (5-1)$$

逆向指标标准化如式（5-2）所示。

$$\lambda_{ij} = \frac{\max(x_{ij}, \cdots, x_{nj})}{\max(x_{ij}, \cdots, x_{nj}) - \min(x_{ij}, \cdots, x_{nj})} + 1 \qquad (5-2)$$

适度指标标准化如式（5-3）所示。

$$\lambda_{ij} = \begin{cases} 1 - \dfrac{\theta_i - \theta_a}{\max[\theta_i - \min(\theta_a), \ \max(\theta_a) - \theta_i]}, & \theta_a < \theta_i \\ 1 - \dfrac{\theta_a - \theta_i}{\max[\theta_i - \min(\theta_a), \ \max(\theta_a) - \theta_i]}, & \theta_a > \theta_i \\ 1, \ \theta_a = \theta_i \end{cases} \qquad (5-3)$$

第二步，计算两大产业融合效应水平测度指标 λ_{ij} 的信息熵冗余度 R_j，如式（5-4）所示。

$$R_j = \ln\frac{1}{m}\sum_{1=1}^{n}\left[\frac{\lambda_{ij}}{\sum\limits_{i=1}^{n}\lambda_{ij}}\ln\frac{\lambda_{ij}}{\sum\limits_{i=1}^{n}\lambda_{ij}}\right] \qquad (5-4)$$

第三步，计算两大产业融合效应水平测度体系中各测度指标 λ_{ij} 的权重 E_j，如式（5-5）所示。

$$E_j = \frac{1 - R_j}{\sum_{i=1}^{k} 1 - R_j} \qquad (5-5)$$

第四步，计算两大产业融合效应水平综合指数 Q_i，如式（5-6）所示。

$$Q_i = \sum_{j=1}^{k} E_j \times \lambda_{ij} \qquad (5-6)$$

在式（5-1）至式（5-6）中，i 表示省份，j 表示效应测度指标；x_{ij}、λ_{ij} 分别表示标准化前后的 i 省份的第 j 个效应水平测度指标值；$\max(x_{ij}, \cdots, x_{nj})$ 表示 x_{ij} 的最大值，$\min(x_{ij}, \cdots, x_{nj})$ 表示 x_{ij} 的最小值；θ_a 与 θ_i 分别表示适度指标的理想值与实际值；m 为常数，表示省份个数；K 表示指标个数；两大产业融合效应水平综合指数 Q_i 介于 0-1 之间，Q_i 越大表明 i 省份两大产业融合效应发展越好，反之越差。

（3）融合效应评价结果。

实证数据主要来源于 2020 年的《中国统计年鉴》、各省市统计年鉴。中国 30 个省市两大产业融合效应水平如表 5-2 所示。

表 5-2　　　　　　2020 年中国 30 个省市两大产业融合效应

区域	融合效应	区域	融合效应	区域	融合效应
北京	0.3865	浙江	0.3224	海南	0.1298
天津	0.3632	安徽	0.2427	重庆	0.2536
河北	0.1905	福建	0.2705	四川	0.2564
山西	0.1721	江西	0.1408	贵州	0.1906
内蒙古	0.1697	山东	0.2352	云南	0.2759
山西	0.2398	甘肃	0.2065	青海	0.2555
黑龙江	0.1339	辽宁	0.2988	江苏	0.3124
吉林	0.1295	上海	0.3204	宁夏	0.2326
河南	0.2104	湖北	0.2953	湖南	0.1988
广东	0.2774	广西	0.2085	新疆	0.2432
东部	0.3895	中部	0.1427	西部	0.1587
全国平均	0.2387	全国最低	0.1295	全国最高	0.3865

5.2.2　融合效应提升水平评价

5.2.2.1　融合效应提升水平评价模型

本书选取改进的 TOPSIS 模型，评价区域装备制造业与生产性服务业融合效应提升水平。评价流程如图 5 - 2 所示。

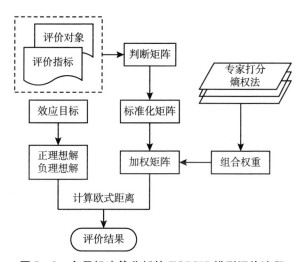

图 5 - 2　多目标决策分析的 TOPSIS 模型评价流程

（1）标准化评价矩阵。

假设 $\gamma_{ij}(i=1, 2, \cdots, n; j=1, 2, \cdots, m)$ 表示第 i 年、第 j 个指标的原始数据值。其中，评价年份数用 n 表示，评价指标个数用 m 表示，得到的 $\gamma=\{\gamma_{ij}\}$ 即为原始数据矩阵。

$$\gamma=\begin{bmatrix} \gamma_{11} & \gamma_{12} & \cdots & \gamma_{1m} \\ \gamma_{21} & \gamma_{22} & \cdots & \gamma_{2m} \\ \cdots & \cdots & \cdots & \cdots \\ \gamma_{n1} & \gamma_{n2} & \cdots & \gamma_{nm} \end{bmatrix} \qquad (5-7)$$

对原始数据值进行数据标准化，得到标准化评价矩阵 $\gamma^{*}=\{\gamma_{ij}^{*}\}$，如式（5-8）所示。

$$\gamma^* = \begin{bmatrix} \gamma_{11}^* & \gamma_{12}^* & \cdots & \gamma_{1m}^* \\ \gamma_{21}^* & \gamma_{22}^* & \cdots & \gamma_{2m}^* \\ \cdots & \cdots & \cdots & \cdots \\ \gamma_{n1}^* & \gamma_{n2}^* & \cdots & \gamma_{nm}^* \end{bmatrix} \quad\quad (5-8)$$

式中，γ 代表原始数据矩阵，γ^* 代表标准化评价矩阵，γ_{ij}^* 代表第 i 年第 j 个指标的标准化值。

（2）评价指标权重。

本书中，效应评价指标的综合权重向量 θ，如式（5-9）所示。

$$\theta = (\theta_1, \ \theta_2, \ \cdots, \ \theta_m)^T \quad\quad (5-9)$$

其中，第 j 个融合效应评价指标的综合权重值用 θ_j 表示；$j=1$，2，$\cdots$，m。m 表示效应评价指标的个数。

（3）加权决策矩阵。

在加权思想的指导下，将融合效应评价指标的综合权重向量 $\theta = (\theta_1, \ \theta_2, \ \cdots, \ \theta_m)^T$，考虑到决策矩阵 $S = \{s_{ij}\}$ 中。

$$S = \begin{bmatrix} s_{11} & s_{12} & \cdots & s_{1m} \\ s_{21} & s_{22} & \cdots & s_{2m} \\ \cdots & \cdots & \cdots & \cdots \\ s_{n1} & s_{n2} & \cdots & s_{nm} \end{bmatrix} \quad\quad (5-10)$$

其中，s_{ij} 为决策结果，计算公式如式（5-11）所示。

$$s_{ij} = \gamma_{ij}^* \times \theta_j \quad\quad (5-11)$$

（4）正负理想解。

本书中，用 R^+ 表示融合效应评价指标 j，在第 i 年中的最大值，则使用 U^+ 表示融合效应评价指标 j 的最偏好方案集，即融合效应提升的正理想解；用 R^- 表示融合效应评价指标 j，在第 i 年中的最小值，则使用 U^+ 表示融合效应评价指标 j 的最不偏好方案集，即融合效应提升的负理想解。R^+ 与 R^- 的计算公式如式（5-12）、式（5-13）所示。

$$R^+ = \left\{ \max_{1 \leq j \leq m} s_{ij} \middle| j = 1, 2, \cdots, m \right\} = \left\{ s_1^+, s_2^+, \cdots, s_m^+ \right\} \quad (5-12)$$

$$R^- = \left\{ \min_{1 \leq j \leq m} s_{ij} \middle| j = 1, 2, \cdots, m \right\} = \left\{ s_1^-, s_2^-, \cdots, s_m^- \right\} \quad (5-13)$$

（5）理想解距离。

为了计算融合效应评价指标与正负理想解之间的距离，本书依据欧氏计算距离原理进行设计，如图 5-3 所示。

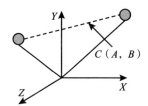

图 5-3　欧式距离计算原理

图 5-3 中，m 维空间点 $A(x_{11}, x_{12}, \cdots, x_{1m})$，与空间点 $B(x_{21}, x_{22}, \cdots, x_{2m})$ 欧氏距离的计算公式，如式（5-14）所示。

$$C(A, B) = \sqrt{(x_{11} - x_{21})^2 + (x_{12} - x_{22})^2 + \cdots + (x_{1m} - x_{2m})^2}$$

$$= \sqrt{\sum_{i=1}^{m} (x_{1i} - x_{2i})^2} \quad (5-14)$$

本书中，我们假设 C_i^+ 表示第 i 年的第 j 个融合效应评价指标，与正理想解 s_j^+ 之间的欧氏距离，C_i^- 表示第 i 年的第 j 个融合效应评价指标，与负理想解 s_j^- 之间的欧氏距离，如式（5-15）、式（5-16）所示。

$$C_i^+ = \sqrt{\sum_{j=1}^{m} (s_j^+ - s_{ij})^2} \quad (5-15)$$

$$C_i^- = \sqrt{\sum_{j=1}^{m} (s_j^- - s_{ij})^2} \quad (5-16)$$

（6）计算评价对象的贴近度。

为分析历年区域装备制造业与生产性服务业融合效应提升总体水平的变化，本书引入贴近度 P_i 来表示第 i 年两大产业融合效应提升总体接近最优水平，计算方法如下。

$$P_i = \frac{C_i^-}{C_i^+ + C_i^-} \qquad (5-17)$$

式中，P_i 取值 0 和 1 之间，值越大表明第 i 年的区域装备制造业与生产性服务业融合效应提升越接近最优水平。当 $P_i = 1$ 时，融合效应提升水平最高，融合效应处于最优状态；当 $P_i = 0$ 时，融合效应提升水平最低，融合效应状态最差。

5.2.2.2 融合效应提升水平评判标准

本书采用非等间距离法，根据两大产业融合效应贴近度 P_i 的数值大小，将融合效应提升水平划分为较差（Ⅰ）、中等（Ⅱ）、良好（Ⅲ）和优秀（Ⅳ）4 个等级，如表 5-3 所示。

表 5-3　　　　　　　　两大产业融合效应提升水平分级

贴近度	等级	提升水平
$0 \leqslant P_i < 0.4$	Ⅰ	较差
$0.4 \leqslant P_i < 0.6$	Ⅱ	中等
$0.6 \leqslant P_i < 0.8$	Ⅲ	良好
$0.8 \leqslant P_i < 1.0$	Ⅳ	优秀

5.2.3 融合效应提升态势预判

结合表 5-1 中区域装备制造业与生产性服务业能融合效应的评价指标体系，本书综合构建集对分析理论、状态转移矩阵的组合评价模型，进而预判区域装备制造业与生产性服务业融合效应提升态势。为减少主观因素影响，刻画区域两大产业融合效应的多维性特征，在前文采用熵值法对指标体系进行赋权的基础上构建基于马尔科夫链的四元集对分析模型[150]对两大产业融合效应提升态势进行预判。

5.2.3.1　研究方法选择

本书采用集对分析方法，计算并动态评价经赋权的区域装备制造业与生产性服务业融合效应评价指标数据。在本书的研究情景中，将所构建的两大产业融合效应五维评价体系作为集对分析中的一个集合。与此同时，将两大产业融合效应提升结果作为集对分析中的另外一集。最后，通过两个集合的联系数探讨融合效应提升态势。这一过程，我们能够对区域装备制造业与生产性服务业融合效应提升态势评价中的不确定信息进行有效的衡量。表达式如式（5 - 18）所示。

$$u = \frac{S}{N} + \frac{F}{N}i + \frac{P}{N}j, \ i \in [-1.1], \ j = -1 \qquad (5-18)$$

式（5 - 18）中，融合效应五维评价体系集合与融合效应提升结果集合的耦合对中，特性数目用字母 N 表示；融合效应五维评价体系集合与融合效应提升结果集合的耦合对中，协同特性数目用字母 S 表示；融合效应五维评价体系集合与融合效应提升结果集合的耦合对中，差异特性数目用字母 F 表示；融合效应五维评价体系集合与融合效应提升结果集合的耦合对中，对立特性数目用字母 P 表示。那么，耦合对同一度则表示为 $\frac{S}{N}$，耦合对差异度则表示为 $\frac{F}{N}$，耦合对立度则表示为 $\frac{P}{N}$。其中，I 表示耦合对的差异度系数，j 表示耦合对的对立度系数。

综上，式（5 - 18）可以简写成式（5 - 19）。

$$u = a + bi + cj \qquad (5-19)$$

式（5 - 19）中，字母 a 表示融合效应五维评价体系集合与融合效应提升结果耦合对的同一度；字母 b 表示融合效应五维评价体系集合与融合效应提升结果耦合对的差异度；字母 c 表示融合效应五维评价体系集合与融合效应提升结果耦合对的对立度；三者为非负实数，

且满足 $a+b+c=1$。下一步，我们拆分差异因素的 i 项，并将融合效应评价指标与提升水平的联系数表达式，扩展到多元层次。如式（5-20）所示。

$$u = a + b_1i_1 + b_2i_2 + \cdots + b_ni_n + cj \qquad (5-20)$$

式中，$n \geqslant 2$，i_1，i_2，$\cdots$，$i_n \in [-1,1]$，$j = -1$。当 $n=2$ 时，四元联系数可以全面描述系统不确定因素中的偏同、偏负的差异。因此，本书采用四元联系数描述两大产业融合效应提升态势。

5.2.3.2　研究模型构建

区域装备制造业与生产性服务业融合效应提升态势的评价，既要侧重于两大产业融合效应提升过程中不确定信息的考量，又要考虑融合效应提升态势随时间而发生动态变化。因此，对其评价，需要借助马尔科夫链状态转移矩阵，分析融合效应提升评价过程中的动态性[151]，并引入状态转移的动态思想，来兼顾融合效应提升评价研究中的确定性和不确定性因素。在综合考虑不确定性、动态性衡量的基础上，将融合效应提升水平静态评价、融合效应提升趋势动态预测两大过程有机结合起来。

耦合模型具体构建步骤如下：

（1）假设区域装备制造业与生产性服务业融合效应五维评价指标与提升结果的集对的 N 个特性，在时间点 t 能够实现：

$$N_t = S_t + F_t^+ + F_t^- + P_t \qquad (5-21)$$

式（5-21）中，融合效应五维评价指标与提升结果集对中，具有同一性的特性数目表示为 S_t；具有偏同差异的特性数目表示为 F_t^+；具有对立度特性的数目表示为 F_t^-；具有对立度特性的数目表示为 P_t。依据 S_t、F_t^+、F_t^-、P_t 的顺序，对融合效应五维评价指标与提升结果集对的 N 个特性进行排序和连续编号。则在时间点 t，融合效应五维评价指标与提升结果的集对联系数可表示为式（5-22）。

$$u(t) = a(t) + b_1(t)i_1 + b_2(t)i_2 + c(t)j$$

$$= \sum_{k=1}^{S_t} w_t(k) + \sum_{k=S_t+1}^{S_t+F_t^+} w_t(k)i_1 + \sum_{k=S_t+F_t^++1}^{S_t+F_t^++F_t^-} w_t(k)i_2 + \sum_{k=S_t+F_t^++F_t^-+1}^{N} w_t(k)j$$

$$(5-22)$$

式（5 - 22）中，$\displaystyle\sum_{k=1}^{S_t} w_t(k) + \sum_{k=S_t+1}^{S_t+F_t^+} w_t(k) + \sum_{k=S_t+F_t^++1}^{S_t+F_t^++F_t^-} w_t(k) +$

$\displaystyle\sum_{k=S_t+F+1}^{N} w_t(k) = 1$，$w_t(k)(k=1，2，\cdots，N)$ 表示 N 个特性排序后的熵权权重。

（2）区域装备制造业与生产性服务业融合效应五维评价指标与提升结果集对中，特性 S_t 的归一化转移概率向量，如式（5 - 23）所示。

$$\vec{P}_1 = (p_{11}，p_{12}，p_{13}，p_{14})$$

$$= \left[\sum_{k=1}^{S_t} w_t(k)，\sum_{k=S_{t1}+1}^{S_{t1}+S_{12}^+} w_t(k)，\sum_{k=S_{t1}+S_{12}^++1}^{S_{t1}+S_{12}^++S_{12}^-} w_t(k) + \sum_{k=S_{t1}+S_{12}^++S_{12}^-+1}^{S_t} w_t(k) \times \frac{1}{\lambda_1} \right]$$

$$(5-23)$$

由此可知，区域装备制造业与生产性服务业融合效应五维评价指标与提升结果集对的同异反系统，在 $[t，t+\Delta T]$ 时间内的转移概率矩阵如式（5 - 24）所示。

$$P = \begin{pmatrix} \vec{p_1} \\ \vec{p_2} \\ \vec{p_3} \\ \vec{p_4} \end{pmatrix} = \begin{pmatrix} p_{11} & p_{12} & p_{13} & p_{14} \\ p_{21} & p_{22} & p_{23} & p_{24} \\ p_{31} & p_{32} & p_{33} & p_{34} \\ p_{41} & p_{42} & p_{43} & p_{44} \end{pmatrix} \qquad (5-24)$$

得到 $t+\Delta T$ 时刻的集对联系度如式（5 - 25）所示。

$$u(t+\Delta T) = [a(t)，b_1(t)，b_2(t)i_2，c(t)] \times P \times (1，i_1，i_2，j)^T$$

$$(5-25)$$

（3）系统趋于进入稳定状态时，正整数 k 步转移概率矩阵 P^k 无零元，并满足公式（5 – 26）。

$$\begin{cases} [a(k), \ b_1(k)i_1, \ b_2(k)i_2, \ c(k)] \times (E - P) = 0 \\ \qquad a(k) + b_1(k) + b_2(k) + c(k) = 1 \end{cases} \quad (5 - 26)$$

因此，可得到稳定状态下，两大产业融合效应五维评价指标与提升结果的联系度表达式，如式（5 – 27）所示。

$$u(k) = a(k) + b_1(k)i_1 + b_2(k)i_2 + c(k)j, \ i_1, \ i_2 \in [-1, 1], \ j = -1 \quad (5 - 27)$$

5.3 区域装备制造业与生产性服务业融合效应提升反馈机制

5.3.1 融合效应提升反馈系统分析

5.3.1.1 融合效应提升反馈要素

区域装备制造业与生产性服务业融合效应提升反馈机制的组成要素主要包括三个方面。反馈机制设计前需要明确反馈对象。装备制造业与生产性服务业在两大产业融合效应提升过程中担当主体，起到引导者作用，引导用户、合作组织等行为；政府在区域装备制造业与生产性服务业融合效应提升过程中起到调节者作用，通过适当的激励或规范手段协调各方利益关系；为了便于研究，将用户、中介机构等归类为社会公众。因此，我们认为区域装备制造业与生产性服务业融合效应提升反馈对象主要包括装备制造业与生产性服务业、政府与社会公众。

5.3.1.2 融合效应提升反馈结构

区域装备制造业与生产性服务业融合效应提升反馈系统是一种多

重反馈结构，既具有正反馈结构的自我强化功能，又具有负反馈结构的自我调节功能。在区域装备制造业与生产性服务业融合效应提升过程中，正、负反馈模式的作用效果并不一致，存在正反馈的促"增长"和负反馈的保"稳定"且相互变化的现象，当正反馈作用效果强于负反馈时，区域装备制造业与生产性服务业融合效应提升效果会出现极大的波动。反之，自我修正功能使得两大产业融合效应平稳提升。因此，反馈机制的设计需要利用区域装备制造业与生产性服务业融合效应提升过程中正、负反馈的结合优势。

5.3.2　融合效应提升反馈过程分析

在控制理论中，反馈机制是指在科学方法有效识别、获取、监测输出信息的基础上，完成区域装备制造业与生产性服务业融合效应提升信息输出，返回到输入端的完整过程。

5.3.2.1　融合效应提升反馈信息收集

区域装备制造业与生产性服务业融合效应提升信息收集是进行信息反馈的关键。将区域装备制造业与生产性服务业融合效应提升反馈的信息及其计算数据进行储存，为区域装备制造业与生产性服务业融合效应提升调控机制提供信息支撑。

5.3.2.2　融合效应提升反馈信息监测

通过区域装备制造业与生产性服务业融合效应提升反馈信息收集监测平台提取信息数据，采用反馈信息监测并最终确定反馈信息的状况。可以说，区域装备制造业与生产性服务业融合效应提升反馈信息监测过程的实质是根据前文对区域装备制造业与生产性服务业融合效应提升评价结果，揭示区域装备制造业与生产性服务业融合效应提升驱动机制、实现机制的作用效果，即构建驱动机制、实现机制对区域装备制造业与生产性服务业融合效应提升的作用模型。

5.3.2.3 融合效应提升反馈信息传输

在确定区域装备制造业与生产性服务业融合效应提升反馈信息异常的前提下，须对反馈信息进行适当的调节。[152] 反馈机制在区域装备制造业与生产性服务业融合效应提升过程中起到十分关键的作用，当融合效应提升过程中遇到问题时，及时、准确地反馈信息可以提高信息沟通效率，进而保证区域装备制造业与生产性服务业融合效应提升效率和效果，提升反馈流程如图 5 – 4 所示。

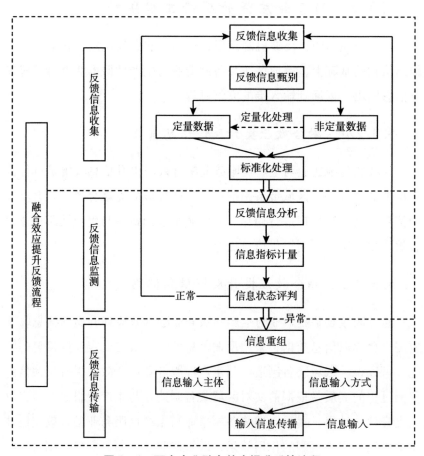

图 5 – 4　两大产业融合效应提升反馈流程

5.3.3　融合效应提升反馈路径设计

在区域装备制造业与生产性服务业融合效应提升过程中，反馈信息利用水平是反馈机制有效与否的关键。区域装备制造业与生产性服务业融合效应提升的信息反馈主要通过创建融合信息交流平台，反馈对象间相互信任并通力合作，实现相关信息的高效传递并解决信息不对称问题。在此基础上，本书基于 EPR 设计区域装备制造业与生产性服务业融合效应提升的信息反馈路径。

5.3.3.1　"政府⟷反馈系统"的信息反馈路径

政府在区域装备制造业与生产性服务业融合效应提升过程中起到重要调节作用，因此要构建以政府为主体的信息交流平台。在对装备制造业与生产性服务业、行业协会和社会公众反馈的信息进行管理的基础上，通过决策形式对区域装备制造业与生产性服务业融合效应提升过程进行修正。如图 5－5 所示。

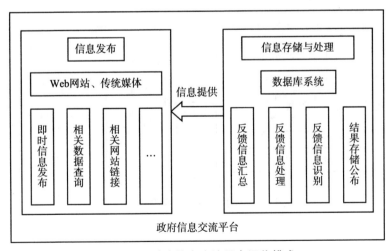

图 5－5　政府信息交流平台运作模式

5.3.3.2 "企业⟷反馈系统"的信息反馈路径

装备制造业与生产性服务业是两大产业融合效应提升的直接实施者，是信息反馈的关键。通过构建以区域装备制造业与生产性服务业为主体的信息交流平台，充分协调两大产业之间的关系，两大产业与政府、行业协会和社会公众之间的信息传递。区域装备制造业与生产性服务业信息交流平台的构建要以现代网络通信技术为主，传统媒体为辅，以 Web 网站和数据库为主要载体。

5.3.3.3 "社会公众⟷反馈系统"的信息反馈路径

社会公众是区域装备制造业与生产性服务业融合效应提升的重要保障。政府信息交流平台、企业信息交流平台与社会公共信息交流平台之间相互嵌入成为一个强化的有机平台。其载体同样以 Web 网站和数据库为主，具备其他平台历史数据查询功能、与其他子平台的链接以及 BBS 讨论系统等。如图 5 - 6 所示。

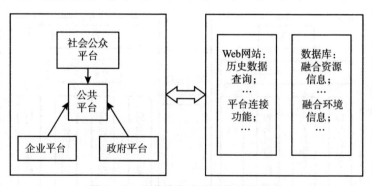

图 5 - 6　公共信息交流平台运作模式

5.4 区域装备制造业与生产性服务业 融合效应提升调节机制

5.4.1 融合效应提升调节要素分析

区域装备制造业与生产性服务业融合效应提升调节是一个包含主体、客体、环境和技术等的系统，是在两大产业融合效应提升过程中对要素投入活动与要素收益活动等相互联结的部分进行激励和约束所构成的活动体系。本书认为区域装备制造业与生产性服务业融合效应提升的调节内涵可以从以下三个方面进行解释：两大产业融合效应提升调节是调节主体对客体的管理活动，并且，两大产业融合效应提升调节是一种以目标设定和监控执行为核心的组织管理活动。此外，两大产业融合效应提升调节不是简单的目标执行过程，而是调节主体主动性的决策活动、干预活动、创造价值的过程。

行为学观点认为行为主体是指实践活动的发起者和承担者。调节的动力源于决策主体并通过指令作用于调节客体，进而实现调节目标。在区域装备制造业与生产性服务业融合效应提升过程中，行为主体主要包含装备制造、生产性服务企业、政府机构中的高层决策者以及用户等。其中，用户一般不具备发出"调节指令"的权力，本书将装备制造与生产性服务企业作为第一调节主体，并需要政府通过恰当的制度安排予以辅助。综上所述，本书将装备制造与生产性服务企业作为调节指令的发出方。

根据控制论的有关思想，调节的作用机理主要由调节主体决策、调节指令、调节客体以及调节目标四个部分组成。主体决策根据系统内外的信息反馈确定调节目标，并通过发出调节指令的形式对调节对象的功能、性质等进行局部改善或本质扭转，进而实现既定的调节目标。区域装备制造业与生产性服务业融合效应提升过程中的调节模型如图 5 - 7 所示。

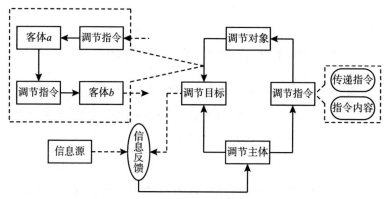

图 5 - 7　两大产业融合效应提升调节模型

5.4.2　融合效应提升调节方案设计

5.4.2.1　融合效应提升调节体系

调节控制的实施是完成区域装备制造业与生产性服务业融合效应提升调控机制工作的重要环节，是依据两大产业融合效应提升影响因素的评价结果，采取相应的调节控制手段改变输入信息的过程。在面临影响因素不利于提升时，需要针对现有两大产业融合效应提升的不足，采取相应的调节控制措施，为科学制定及修正区域装备制造业与生产性服务业融合效应提升机制奠定基础。

为保证调控机制的有效运行，必须设计一套完整的调节控制方案。区域装备制造业与生产性服务业融合效应提升水平与态势受到多种因素影响，因此在制定调节方案前应该对可能影响两大产业融合效应提升效率和效果的信息进行感知、收集、初步筛选和分析，掌握两大产业融合效应提升的优、劣势因素，以进一步制定合理、可操作性高的调节方案，并不断进行后续评估与调整。区域装备制造业与生产性服务业融合效应提升调节方案设计体系如图5-8所示。

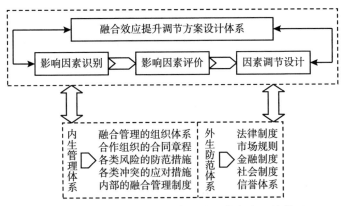

图5-8　两大产业融合效应提升调节方案设计体系

5.4.2.2　融合效应提升调节策略

区域装备制造业与生产性服务业融合提升调节方案设计是在梳理两大产业融合效应提升影响因素的基础上，针对这些因素调节控制范围、强度等进行预设计。

（1）融合效应提升激励策略。

在区域装备制造业与生产性服务业融合效应提升过程中，不同组织的能力差异、承担的风险等级不同以及外部环境的不断变化使得两大产业融合效应提升资源平衡被破坏，这导致了激励要素的作用效果会表现出较大差异。因此，区域装备制造业与生产性服务业融合效应提升激励策略的设计要依据不同激励目标，努力实现全方位、差异化激励效果。但是，激励对象选择、激励措施和手段的制定都不能脱离提升两大产业融合效应水平这个总目标。

（2）融合效应提升约束策略。

区域装备制造业与生产性服务业融合效应提升约束是为规范两大产业融合效应提升发展环境、降低不利因素对两大产业融合效应提升的影响而制定和设计的一系列具有规范性要求、标准的措施和手段的总和。从区域装备制造业与生产性服务业融合效应提升约束的形成来看，可以分为内生性约束和外生性约束。内生性约束是两大产业融合效应提升过程中组织之间的道德约束。外部性约束是在两大产业融合效应提升过程中，通过人为规则制定而产生的约束，是人为意志的体现。

5.4.3　融合效应提升调节控制实施

5.4.3.1　融合效应提升调节控制方式

按照调节对区域装备制造业与生产性服务业融合效应价值提升是否有直接贡献，可以分为长期调节和短期调节。长期性调节方式是指不能对两大产业融合效应提升产生直接影响，但可以通过间接的传导或过程实现渐进性或者间接性影响融合效应提升的调节活动，或者对融合效应提升产生长效性影响的调节活动。短期性调节方式是指能够对调节目标产生直接影响的调节活动，如直接的融合工具运用、利益分配等。

5.4.3.2　融合效应提升调节控制手段

手段就是工具，价值手段是区域装备制造业与生产性服务业融合效应提升调节中的基本手段，常对影响融合效应提升的经济变量进行调节以实现调节目标。制度手段是指对非价值、非量化等具体标准以外的内容进行调节，即运用融合制度的方法及进行调节。区域装备制造业与生产性服务业融合效应提升调节控制的实施主要包括对融合效应提升水平、态势的综合控制，以及对融合效应提升优、劣势因素的调节。控制模型如图 5－9 所示。

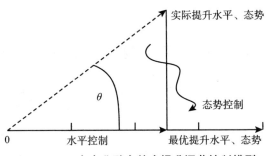

图 5 - 9　两大产业融合效应提升调节控制模型

5.5　区域装备制造业与生产性服务业
融合效应提升调控机制运行

5.5.1　融合效应提升调控机制运行过程

在控制理论中，调控的基础是信息，[153] 调控有赖于信息反馈来实现。调控的结果既有可能是对现有系统的局部完善，又有可能是对系统的本质改变。综上所述，构建调控机制的关键步骤为评价、反馈和调节。

（1）区域装备制造业与生产性服务业融合效应提升调节控制系统的设计和应用能够实现对两大产业融合效应提升过程中的各类状况进行实时调节与控制，进而降低提升进程与预期目标的偏离程度。如果与理想的融合效应发展方向一致，则继续加大投入，保持现有融合效应提升路径；相反，如果两大产业融合效应演化方向出现偏差，则需要进行及时反馈并做出调整。

（2）支撑区域装备制造业与生产性服务业融合效应提升机制的设计与实施。两大产业融合效应提升的相关评价结果可以为两大产业融合效应提升的管理决策提供科学依据，进一步反馈驱动机制、实现机制设计的科学性与合理性，有利于指导两大产业融合效应目标的制定与调整。

5.5.2　融合效应提升调控机制运行模型

区域装备制造业与生产性服务业融合效应提升调控机制运行模型，如图 5 – 10 所示。

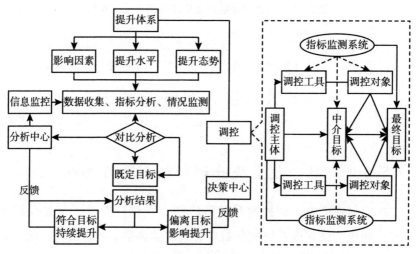

图 5 – 10　两大产业融合效应提升调控机制运行模型

5.5.3　融合效应提升调控机制运行管理策略

通过对区域装备制造业与生产性服务业融合效应提升调控机制的运行分析，得到以下主要结论及管理策略：（1）信息化保障。区域装备制造业与生产性服务业融合效应提升调控过程中，各调控主体间的沟通方式差异导致调控指令的传导质量存在极大的挑战。在调控机制的运行过程中，信息的对称性、利益的均等性，是影响两大产业融合效应提升质量的关键要素，而顺畅地沟通可以有效解除两大产业融合效应提升过程中的信息不对称危机和利益不平等危机。区域装备制造业与生产性服务业融合效应提升调控机制运行过程中的信息化，能够有效改善两大产业融合效应提升过程中调控主体间的信息沟通环境，完善信息流通渠道。（2）实时监控。区域两大产业融合效应提升调控机制的有效运行，需要对融合效应提升过程中的各个环节进行动态跟踪、及时反馈与科学控制。对区域两大产业融合效应提升过程中的各项指标进行对比分析、综合分析，并把结果与预期目标进行对比，从而达到全面的信息监控。当出现问题时就可以及时分析原因，并根据反馈的信息和建议对相关环节进行科学的反馈控制。

5.6　本章小结

从机制分析、机制构建、机制运行三个方面对区域装备制造业与生产性服务业融合效应提升调控机制进行详细设计。首先，分析两大产业融合效应提升调控机制的内涵、特征与总体架构。其次，设计两大产业融合效应提升调控机制的构建过程。评价两大产业融合效应提升水平、预判两大产业融合效应提升状态，全面掌握两大产业融合效应提升态势，为调控奠定信息基础。在此基础上，分析两大产业融合效应提升的反馈过程，并设计反馈路径，为下一步的调节提供理论依据。分析两大产业融合效应提升的调节要素，设计两大产业融合效应提升调节方案，并依据两大产业融合效应提升的评价与反馈结果，针对现有提升的不足和优、劣势因素实施调节控制。最后，对两大产业融合效应提升调控机制的运行进行分析。在机制运行过程分析的基础上，构建相应的机制运行模型，并提出相应的机制运行管理策略。

第 6 章

区域装备制造业与生产性服务业
融合效应提升机制保障策略

区域装备制造业与生产性服务业融合效应提升机制的运行受到各类机制特征和多种因素交互作用的影响。本章以装备制造业与生产性服务业融合效应提升驱动机制、实现机制与调控机制等方面的研究成果为依据，对两大产业融合效应提升机制保障策略进行系统设计，对保障两大产业融合效应提升机制的有效运行，进而促进装备制造业与生产性服务业融合效应的提升具有重要意义。

6.1 融合效应提升驱动机制保障策略

要保证区域装备制造业与生产性服务业融合效应提升持续进行，必须有持续的外部动力，在动力持续的基础上实现动力的增强以及实现动力间的有效协同。而通过对区域装备制造业与生产性服务业融合效应提升动力要素的分析发现，各动力释放的主体主要包括政府、装备制造与生产性服务企业、市场及科技。其中，科技存在于政府、企业和市场，市场的调节主要依靠政府力量。因此，主要从企业、政府两方面提出区域装备制造业与生产性服务业融合效应提升驱动机制保障策略。

6.1.1　提高企业家内在素质

在区域装备制造业与生产性服务业融合效应提升过程中，参与主体共同愿景的形成至关重要，而共同愿景的塑造离不开企业家精神的支持和创新，也离不开企业家的领导思维，企业家的敬业、创新精神是区域装备制造业与生产性服务业融合效应成功提升的关键。因此，重视企业家精神创新具有重要意义。区域装备制造业与生产性服务业融合效应提升过程中，创新企业家精神要做到以下几点：

（1）培养融合创新意识。

首先，改变企业家的思维方式，激发企业家的工作热情。改变企业家的思维定式及从众心理，使企业家在不同的时期都能够正确、客观地看待和处理区域装备制造业与生产性服务业融合效应提升过程中出现的问题，使其在工作中能够创造一种充满活力的成功环境。其次，强化企业家的竞争意识，提高企业家驾驭不确定性的能力。企业家只有能够迅速地洞察和识别有利于区域装备制造业与生产性服务业融合效应提升的市场机会，才能迅速抓住未被满足的用户需求并及时制定相应的措施来应对环境变化。最后，提高企业家战略柔性。只有从根本上提升企业家战略层次的柔性协调能力，才能够使其在短时间内关联环境动态性，并通过有效的决策精准且迅速地制定、调整区域装备制造业与生产性服务业融合效应提升战略。

（2）加强融合文化熏陶。

区域装备制造业与生产性服务业融合文化是发展融合经济的价值引导和行为规范，社会融合文化的培养和形成可以有效促使融合社会和融合经济的发展上升到更优质的层面。融合文化既会影响公众的消费理念和消费习惯，又会有效促进相关企业家责任意识的形成。在社会融合文化的作用下，公众和相关企业家开始在关注经济效益的同时，形成内生性的环境责任和社会责任，为经济社会发展贡献力量。

具体来说，建议采用多种宣传渠道进行融合文化宣传，建立并完善融合文化的宣传机制。政府作为融合文化的有力推动者，应该将媒体、企业、公众等纳入融合文化的宣传体系中，充分有效地利用广播、电视、网络和报纸等媒体平台宣传融合文化和理念。

6.1.2 引导市场需求升级

当前产品质量安全形势严峻，消费者对高质量"装备＋服务"融合型产品的需求十分迫切。但现实生活中我们发现高质量融合型产品市场并不景气，消费者对高质量"装备＋服务"融合型产品的需求亦没有真正转化为实际购买力。在此背景下，主动引导用户的消费倾向，培养其对"装备＋服务"融合型产品的高质量需求，成为强化区域装备制造业与生产性服务业融合效应提升引导力的关键。区域装备制造业与生产性服务业融合效应提升过程中，引导市场需求升级应做到以下几点：

（1）创造高质量市场需求。

首先，生产高质量"装备＋服务"区域装备制造业与生产性服务业融合型产品的厂商和营销商应有效地控制高质量"装备＋服务"融合型产品的生产成本和营销成本，适当地降低销售价格，大力迎合消费者的购买价位，以供给带动需求，以低价满足需求；其次，通过宣传和产品促销等方式，加强对高质量"装备＋服务"区域装备制造业与生产性服务业融合型产品的宣传，提高消费者对高质量"装备＋服务"融合型产品的认知水平，增强消费者对高质量"装备＋服务"区域装备制造业与生产性服务业融合型产品的信任；最后，加大对高质量"装备＋服务"区域装备制造业与生产性服务业融合型产品市场的监管和规制力度以抵抗有机市场的混乱，充分披露高质量"装备＋服务"融合型产品的信息，从而提高消费者购买意愿。

（2）加大政府融合采购力度。

政府对"装备＋服务"区域装备制造业与生产性服务业融合产

品的采购行为能够从社会公共利益的角度去宏观调控市场经济，引导融合产业的发展，提高市场对"装备＋服务"融合产品的需求量，对转变企业融合生产方式和消费者的融合消费模式都具有重要的影响。因此，应该在《中华人民共和国政府采购法》及相关规范规定的基础上制定并完善融合采购的详细规定，明确界定融合产品的名录和标准，规定政府采购融合产品的相关机构、流程和考评制度等实施办法，将政府融合采购的绩效考评与政府业绩相关联，提高政府融合采购行为的积极主动性。完善政府融合采购制度建设需要设置采购和管理职能相分离的梯度机构，提高相关采购人员的专业化水平，完善政府融合采购部门的人力资源建设制度，健全政府融合采购的预算制度和考评制度，建立政府采购机构的公共信息平台，为政府采购工作人员、供应商和中介组织的沟通交流提供便利的同时，加强政府融合采购的信息公开化、简约化，保证政府融合采购工作的高效和透明运作。

6.1.3 加大技术创新投入

区域装备制造业与生产性服务业融合效应提升涉及的产业链、价值链比较多，整个过程不仅涉及融合产品创新，还有融合组织管理创新、人才激励创新等多个方面，需要资金、人才等多种创新资源的投入。技术创新与进步是两大产业融合效应提升的根本驱动力，加大技术创新投入能够为两大产业融合效应提升提供持续动力。区域装备制造业与生产性服务业融合效应提升过程中，加大技术创新投入应做到以下几点：

（1）加大资金支持力度。

区域装备制造业与生产性服务业融合效应提升过程中各个阶段的创新均离不开资金的支持，通过拓展融资空间、培育资金获取和投入能力能够突破两大产业融合效应提升过程中技术创新的瓶颈。在资金获取方面，管理层既可以汇集各种类型的金融投资机构、天使投资机构、孵化器参与，为区域装备制造业与生产性服务业融合效应提升过程中的技术创新提供资本支持，又可以引进风险投资、申报国家以及省市课题、与其他企业开展合资合作等方式，争取一些外源力量。在资金投入方面，管理层要结合区域装备制造业与生产性服务业融合效应提升的实际情况制定用于技术创新的资金使用规划，确保资金都能高效地被利用到关键技术和关键环节。

（2）完善人力资源保障体系。

在人才引进方面，地方政府及装备制造业与生产性服务业在人才引进方面宜采取刚、柔性引才相结合制度。既要坚持刚性引才适度原则，每年通过校园招聘和社会化招聘等方式招收一定比例的人员，接续人员发展，防止人才的断层，又要树立"不求我有、但求我用"的柔性引才思维，构建外部智力资源支持系统，通过采取兼职、咨询、讲学、科研、技术合作等灵活多样的方式，积极引进国内外专家为我所用，积极鼓励各部门、各单位与高校、科研院所、咨询公司等外部机构广泛开展合作，广聚智力资源，依靠"外脑"解决一些困扰两大产业融合效应提升的关键技术难题。在人才培养方面，企业将人才培养当作组织给予员工的一项福利，持续加大各类人员的培训，提升人才队伍的整体素质。在人才考核方面，需要建立一套科学完备的绩效评价系统，准确地衡量个体绩效，并提出绩效改进的具体措施和意见，最终确保战略目标的实现。

（3）强化财税政策体系建设。

要通过国家及区域专项资金的适度倾斜，实施财政引导政策。通过增加财政投资、鼓励多渠道投资和融资方式创新等方式为区域装备制造业与生产性服务业融合效应提升活动提供投融资支持政策，并通过在增值税、营业税、关税和所得税等方面给予区域装备制造业与生产性服务业融合效应提升参与主体相应的减、抵、免政策，减轻各参与主体的税负压力，实施税收优惠政策。

6.1.4　完善人才资源保障

区域装备制造业与生产性服务业融合效应的顺利提升，需要在继续教育、职业教育、高等教育等不同教育层面构建"融合式"人才培养模式，我国各类高等院校应对接所在区域的具体发展战略、优势产业与潜力产业体积不同层级的重点企业，在产政研学的互动中加强"融合式"专业建设并不断完善"融合式"育人机制，为各地区产业转型升级和经济发展提供坚实的人才支撑。区域装备制造业与生产性服务业融合效应提升过程中，完善人才资源保障应做到以下几点：

（1）提高人才培训水平。

针对在岗在职的从业人员，各地区职能部门应协助各层次大专院校、科研院所及有条件的企业完善支撑服务体系和综合服务水平，推进区域企业常态化开展定向培养、在职培训，为业务进修企业的"融合式"发展提供所需知识、技能，进而为各地区区域装备制造业与生产性服务业融合效应的顺利提升提供坚实的人才支撑，打下研修基础。

（2）加大人才引进力度。

技术、产品、商业模式在区域装备制造业与生产性服务业融合的推进过程中，表现出不断的改进、变革及创新状态。因此，两大产业融合效应提升过程中，装备制造企业面临着大量的异质性知识需求。作为知识的重要载体，人力资本跨组织的交流与互动能够对迅速改变装备制造企业现有的知识结构，提高企业内部知识存量并增加其多样性。因此，区域装备制造业与生产性服务业融合效应提升过程中，装备制造企业、生产性服务企业应积极拓展与外部组织间的正式及非正式人才引进、交流途径，通过共建实验室、委托人才培养等方式，促进两大产业融合效应提升过程中各类人才"软环境"的优化，实现跨组织的人才交流。

6.2 融合效应提升实现机制保障策略

6.2.1 培育和提高组织核心能力

区域装备制造业与生产性服务业融合效应提升的价值重构过程需要培育两大产业融合效应提升参与组织的核心能力来识别和获取核心价值要素。根据动态能力理论，两大产业融合效应提升过程中，培育和提高组织核心能力应做到以下几点：

（1）培育产业融合能力。

区域装备制造业与生产性服务业融合能力在本质上导致了融合系统内资源、能量的高消耗，促使融合系统内部装备制造企业、生产性服务企业通过长期的资源配置与高校、科研院所等通过各种合作来吸收新的外部知识，创造新的融合知识。具有较高区域装备制造业与生产性服务业融合能力的融合系统，具备积极消耗资源、开发融合新知识的能力。当外部融合知识流动增加时，实力雄厚的区域装备制造业与生产性服务业融合系统会加强对自身知识流动的控制，以避免浪费过多价值增值关键点。

（2）提高环境扫描能力。

利用外部环境影响、监控和更新策略等动态视角建立对区域装备制造业与生产性服务业融合效应提升价值整合过程的动态控制，以确保新出现的价值主张持续发展。同时，区域装备制造业与生产性服务业融合系统通过控制价值增值关键点来促进系统内部融合主体之间博弈获胜以达到融合系统协同价值共创的目的。环境扫描能力是区域装备制造业与生产性服务业融合系统通过与外界环境作用获取信息的能力，这些信息将有助于融合主体识别、理解融合价值增值关键点发展的威胁与机会。一方面，通过不断地扫描外部环境了解用户偏好变化，以便准确评估放弃现有技术以增加价值增值的机会。另一方面，良好的融合内外环境扫描能力，可以降低环境不确定性带来的风险，从而使区域装备制造业与生产性服务业融合成员间能够有序开展针对价值增值关键点识别的协同合作。

（3）深化环境感知能力。

感知能力被视为区域装备制造业与生产性服务业融合效应提升参与主体浏览进而形成识别和获取价值增值机会的能力。融合系统具备的感知能力越强，就越容易形成融合价值增值的关键点，进而驱动融合价值增值持续发展。一方面，区域装备制造业与生产性服务业融合系统依据对市场需求观测的结果，通过外部融合知识的探索，识别出新的融合价值增值关键点。高校、科研机构等知识库系统，可以通过发挥自身前瞻性的感知能力掌握两大产业融合系统内部融合效应提升价值增值的关键点位置。另一方面，通过不断地探索外部技术和市场变化环境，装备制造企业、生产性服务企业等融合体密切关注高校、科研机构的最新研究成果，在此基础上能够准确把握技术和市场发展趋势。在感知能力较强的情况下，装备制造企业、生产性服务企业会利用自身优势，并结合市场信息获取感知技术发展机会，通过前瞻性感知能力推动区域装备制造业与生产性服务业融合形成价值增值的关键点，进而驱动两大产业融合效应持续提升。

6.2.2 建立良好的合作信任关系

区域装备制造业与生产性服务业融合组织间的关系结构处于动态变化之中。信任能够改变潜在合作组织对成本、风险、收益的分析，最大限度地减少由于信息不对称引发的关系破裂问题，促进协作行为的发生。两大产业融合效应提升过程中，高效的信息沟通交流应做到以下几点：

（1）形成专业的融合网络组织体系。

首先，建立区域装备制造业与生产性服务业融合效应提升引导机构。引导机构应由政府牵头组建成立，主要职责是负责制定和调整融合效应提升的引导策略，对融合效应提升活动进行协调和统筹管理；其次，构建区域装备制造业与生产性服务业融合效应提升执行机构，主要职责是制定融合效应提升战略，实施融合效应提升的具体事宜；最后，成立由金融机构、技术中介机构、会计服务机构和法律服务机构等组建的区域装备制造业与生产性服务业融合效应提升支持机构。

（2）合理选择组织信任建立途径。

根据多尼（Doney）的五种信任建立途径，区域装备制造业与生产性服务业融合效应提升参与主体可以通过计算潜在合作组织诚信或者欺骗的成本，考虑范围包括潜在合作组织的名誉和财务等。然而，区域装备制造业与生产性服务业融合效应提升是一种长期行为，仅依靠计算途径不能完全确定其他主体是否守信。在这种情况下，可以通过预测途径、动机途径与能力途径等方式对潜在合作组织进行信任决策。

（3）积极培育和提高组织信誉。

信誉的建立是维持区域装备制造业与生产性服务业融合效应提升参与组织间信任的有效保障。合作组织既可以通过对自身信誉的长期投资完善自身的信誉记录，又可以通过与其他组织建立长期合作关系来增加对方的合作利益期望，进而提高自身信誉。

6.2.3　重视有效的信息沟通交流

信息交流氛围的自由性、开放性与互利性，可以有效引导区域装备制造业与生产性服务业融合效应提升过程中的人、财、物等产业资源的有向流动。区域装备制造业与生产性服务业融合效应提升过程中，高效的信息沟通交流应做到以下几点：

（1）建立有效的沟通渠道。

良好的沟通能够有效消除区域装备制造业与生产性服务业融合效应提升过程中组织间潜在的冲突。首先，可以组织区域装备制造业与生产性服务业融合效应提升各方主体参与的会议，并且固定会议周期，为各方沟通提供机会。其次，可以通过行业协会组织相关会议，使相关各方共同学习，增加价值认同；此外，以研究机构或高等院校为技术的提供方组建专项小组，在解决区域装备制造业与生产性服务业融合效应提升过程中遇到的问题的同时，建立参与方人员个人友好关系。最后，以用户为中心形成用户需求分析的研讨会，使参与区域装备制造业与生产性服务业融合效应提升的各方主体可以形成信息的对称性，增强各组织的参与感，建立良好的沟通氛围。

（2）采用先进的信息沟通技术。

在区域装备制造业与生产性服务业融合效应提升过程中，先进信息技术的采用能够有效保障两大产业融合效应提升效率与效果。并且，先进的信息沟通技术能够为区域装备制造业与生产性服务业融合效应提升提供技术与平台支撑。因此，在区域装备制造业与生产性服务业融合效应提升组织协同过程中，应采用先进的通信手段完善公共信息服务平台的建设，为组织沟通交流提供充足的信息技术支撑。

（3）实现高效的融合知识共享。

区域装备制造业与生产性服务业融合效应提升过程中积极的融合知识共享是建立合作关系的关键因素。一方面，在信任的基础上应积极推进融合知识共享，打破知识共享的竞争风险，确保知识的无障碍流动；另一方面，在开展合作的时候应该提前约定好制度规范，并且在传输的过程中以标准化的格式进行传递，提高知识共享和流动的效率水平并且能够记录组织间知识的传递和共享。

6.2.4　完善信息化网络平台建设

组织间沟通方式差异造成的信息不对称、利益不平等危机给区域装备制造业与生产性服务业融合效应提升的实现带来了极大挑战。区域装备制造业与生产性服务业融合效应提升过程中，完善信息化网络平台建设应做到以下几点：

（1）搭建融合效应提升服务平台。

对产品、管理、运营、价值链等维度进行综合考量，实现其在敏捷制造平台上的高度集成，同时，根据实际运营管理的需要，协作管理和无缝连接。此外，构建为实现区域装备制造业与生产性服务业融合效应提升的基础数据库，并通过信息资源共享实现合理分配、协调的服务咨询平台，进而能够为两大产业融合效应提升的实现提供人才、技术、管理支撑。

（2）推进数字化资源配置进程。

首先，现阶段的区域装备制造业与生产性服务业融合效应提升的基本业务流程与管理活动，逐渐践行数字化转型，借助信息通信等技术向网络云稳步迁移。这种背景下，为了打破外环境变革压力，政府需要制定与实施数字化提升战略；其次，随着智能终端设备的普及、各类传感器的使用，同区域装备制造业与生产性服务业融合效应提升活动有关的设备持续为两大产业融合效应提升赋能；最后，随着区域装备制造业与生产性服务业融合效应提升微观层面上各参与组织业务流程、产品生命周期等各管理环节的发展，需要从研发端、生产端到产品端及服务端切入进行数字化转型，从而使参与组织更容易搜索、捕获、管理与转化所需的互补融合效应提升资源。区域装备制造业与生产性服务业融合效应提升过程依托开放式信息服务平台，运用网络技术提高两大产业融合效应提升效率。

6.3　融合效应提升调控机制保障策略

6.3.1　建立风险监控预警系统

随机原因和信息不足致使区域装备制造业与生产性服务业融合效应提升过程中会遇到不同来源的风险因素。充分预判、辨识这些风险因素能够有效掌握关键性诱发因素，降低和避免各种风险因素对预期提升目标的威胁。区域装备制造业与生产性服务业融合效应提升的调控过程中，建立健全风险预警系统应做到以下几点：

（1）定期监控风险数据。

区域装备制造业与生产性服务业融合效应提升风险因素识别是对融合效应提升过程中的重要风险因素进行分层分类的识别过程，是规避和防范风险的前提。因此，在风险因素识别的基础上，需要定期监控风险数据，更新风险管理数据库，并对风险因素进行不确定性和影响程度的评价，在以风险矩阵的形式定位风险的基础上依据风险等级进行风险警情分类，并根据不同等级的警情设计风险防范体系。

（2）建立风险防范制度。

区域装备制造业与生产性服务业融合效应提升风险防范体系是风险控制的重要内容，更是构建风险预警系统必不可少的模块，主要包括内生防范体系和外生防范体系。内生防范体系制度主要包括风险管理的组织体系、合作组织的合同章程、各类风险的具体防范措施以及内部的风险管理制度等。外生防范体系制度主要包括风险防范的法律制度、市场规则、金融制度、社会制度以及信息体系等。

（3）健全风险应对体系。

区域装备制造业与生产性服务业融合效应提升风险预警应对是根据不同情景下的风险警情而构建的具体的应对方案与措施的组合。在风险预防方面，可以采取工程技术法沟通、协调等措施。在风险转移方面，外部风险可以采取投保转移或者通过出让转移、合同转移和担保转移等方式，如参与组织的道德风险问题可以通过合同、契约及章程等做到有效的转移，并起到有效的约束作用。针对既不能转移又不能规避，且影响程度高、不确定性高的风险诱发因素，必须制定紧急处理办法，以应对风险发生时带来的危害。

6.3.2 优化反馈信息传输体系

在区域装备制造业与生产性服务业融合效应提升的调控过程中，各调控主体间的沟通方式导致调控指令的传导质量存在极大的挑战，严重地影响了两大产业融合效应的提升质量。调控需要依靠获取的反馈信息，这些反馈信息只有被及时、准确地传输到区域装备制造业与生产性服务业融合效应提升的决策系统中，才能发挥其自身的价值。区域装备制造业与生产性服务业融合效应提升的调控过程中，优化信息传输体系应做到以下几点：

（1）选择信息传输手段。

管理信息系统以及专家系统等的应用，在增强区域装备制造业与生产性服务业融合效应提升过程中信息处理能力的同时，也体现出信息化传输方式和手段是保障两大产业融合效应提升效率和效果的必然趋势。要实现信息化传输应着重注意以下几方面内容：一方面，管理者和决策者在区域装备制造业与生产性服务业融合效应提升的过程中，对融合效应提升的策略进行整体调控。另一方面，区域装备制造业与生产性服务业在融合效应提升过程中，组织结构的扁平化、网络化、虚拟联盟化方向的演进至关重要，这需要各参与方组织动态能力的积极调配与有效组合。

（2）搭建信息传输渠道。

区域装备制造业与生产性服务业融合效应提升过程中，需要构建一个多维层面的两大产业融合效应提升信息沟通渠道网络，在为信息传输部门与区域装备制造业与生产性服务业融合效应提升决策系统间的信息流通建立沟通桥梁的同时，也为各参与组织之间的直接沟通交流搭建传递路径，进而以多维层面信息传输的方式保障区域装备制造业与生产性服务业融合效应提升调控过程的实现。

6.3.3　完善融合网络治理体系

完善完备的融合网络治理体系可以将网络中组织的行为准则进一步规范，以期优化区域装备制造业与生产性服务业间的融合效应提升过程，加速提升效率和效果并保障调控机制的顺利运行。本书所述融合网络中的"网络"既包含了互联网技术网络系统，又涵括了网络结构与网络要素的网络思想，更涵括了网络中各主体间的互动行为与互动关系。因此，区域装备制造业与生产性服务业融合效应提升的调控过程中，融合网络治理体系的完善需要做到如下几点：

（1）完善信息技术网络治理体系。

信息技术是区域装备制造业与生产性服务业融合效应提升调控的关键手段之一，包括两大产业融合效应提升活动进程中涵括的各种数据、知识、流程、资本等。技术网络的建设与运行，既需要技术网络管理体系的不断完善，又需要信息治理的进一步完善，使信息资源整合、监管与控制得到有效加强。

（2）完善融合组织网络治理体系。

区域装备制造业与生产性服务业的融合组织网络治理体系仅优化区域装备制造业与生产性服务业融合组织网络运作还不足以实现治理体系的完善。完善区域装备制造业与生产性服务业间融合组织网络必须以整合最大融合系统价值为目的，在节点结构优化、节点关系优化等方面进行完善。具体而言，不仅对核心组织、网络节点、融合效应提升环节进行更换、调整，还需对融合效应提升的阶段战略目标、合作关系侧重、协同模式创新、治理效果反馈等多个方面开展综合性、系统性的制度安排。

6.4 本章小结

本章依据区域装备制造业与生产性服务业融合效应提升驱动机制、实现机制与调控机制的研究成果，对两大产业融合效应提升机制保障策略进行系统性设计，为保障两大产业融合效应提升机制的有效运行提供指导建议。驱动机制保障方面，提出重视企业家内在、引导市场需求升级和加大技术创新投入等策略；实现机制保障方面，提出培育和提高组织核心能力、建立良好的合作信任关系、重视有效的信息沟通交流以及完善信息化网络平台建设等策略；调控机制保障方面，提出建立风险监控预警系统、优化反馈信息传输体系以及完善融合网络治理体系等策略。

第7章

黑龙江省装备制造业与生产性服务业融合效应提升机制研究

为了进一步验证前文结论的可行性与适用性，本书选取黑龙江省为应用研究区域。黑龙江省曾作为中国的"工业航母"，是国家重要的装备制造业基地，具备扎实的产业基础和完善的装备制造业体系。对其装备制造业与生产性服务业融合效应提升机制进行研究，既可以有效指导黑龙江省装备制造业与生产性服务业融合效应提升实践，又对其他区域具有良好的应用示范作用。

7.1 黑龙江省装备制造业与生产性服务业融合效应现状

7.1.1 黑龙江省装备制造业与生产性服务业融合发展现状

7.1.1.1 黑龙江省两大产业发展现状

装备制造业是黑龙江省经济的主导产业，其产业体系完善、产业基础扎实。如齐齐哈尔轨道交通装备的集团化发展，哈大齐工业走廊等一系列产业集群为黑龙江省装备制造业的发展奠定了坚实基础。并且，黑龙江省拥有其他省份不可比拟的基础平台和技术优势，是重要的装备制造生产与研发基地，并已具备较强的产业创新能力和技术研发水平。如哈尔滨电气集团战略基地的形成能够紧跟市场动态，在船舶制造方面的国家级科研中心，研发水平处于全国领先地位。此外，黑龙江省装备制造业发展获得了强有力的政策扶持。振兴东北老工业基地、"一带一路"以及《中国制造2025》等一系列国家战略的逐步提出并稳步推进，为黑龙江省装备制造业实现全球价值链的攀升提供了良好的政策支持和明确的战略方向指引。由于黑龙江省位于东北亚地区，毗邻俄罗斯，其装备制造业发展也将依托"一带一路"，以其自身的地缘优势和资源优势，突破装备制造业发展的地域范畴。在智能信息化时代下，黑龙江省制定了《黑龙江省制造业转型升级"十三五"规划》，以精准对接《中国制造2025》战略，旨在将新一代信息技术与制造业融合。为了响应"十四五"规划，2021年3月26日，《黑龙江省国民经济和社会发展"十四五"规划和2035年远景目标纲要》要求加快"推动数字化和实体经济深度融合"、"拓展智能制造"等领域的应用，为黑龙江省装备制造业发展提供了强有力的政策支撑。

然而，黑龙江省作为老工业基地，受其以制造业为主的产业结构以及传统经济体制的深刻影响，导致其生产性服务业发展水平相对较低，主要以交通运输、批发零售、金融等产业为主。虽然每个产业在不同程度上都有一定的差异，但产业结构存在趋同现象，不仅总体规模相对偏小，而且缺乏具有核心竞争力的大型企业或企业集团，发展比较落后。因此，黑龙江省生产性服务业对装备制造业的依赖程度较高，对装备制造业的拉动作用也较强，促进黑龙江省生产性服务业与其他产业，尤其是与装备制造业的融合成为推动其发展的重要策略。

7.1.1.2　黑龙江省两大产业融合现状

明确装备制造业与生产性服务业融合水平，不仅有利于了解黑龙江省两大产业融合现状，而且对揭示黑龙江省装备制造业与生产性服务业融合效应现状具有重要参考价值。

（1）装备制造业与生产性服务业融合水平。

本书参照相关研究[89]，测度全国 30 个省市区（考虑到数据获取的可能性，暂无中国港澳台和西藏地区，下同）的装备制造业与生产性服务业融合水平，并将黑龙江省置于东北地区以及全国范围内，通过排名确定黑龙江省装备制造业与生产性服务业的融合程度。所选数据主要来源于 2020 年的《中国工业统计年鉴》《中国统计年鉴》以及各省市等官方统计年鉴，共得到 30 组原始研究数据，求得中国 30 个省市区装备制造业与生产性服务业融合测度结果，如表 7 – 1 所示。

表 7 – 1　　　　　　2020 年中国 30 个省市区两大产业融合度

区域	融合度	区域	融合度	区域	融合度
北京	0.3708	浙江	0.3165	海南	0.1643
天津	0.3396	安徽	0.2306	重庆	0.2854
河北	0.1735	福建	0.2688	四川	0.2667
山西	0.1522	江西	0.1402	贵州	0.1904
内蒙古	0.1603	山东	0.2537	云南	0.2853
山西	0.2415	甘肃	0.2075	青海	0.2068
黑龙江	0.2103	辽宁	0.2553	江苏	0.3006
吉林	0.1557	上海	0.3054	宁夏	0.2452
河南	0.1983	湖北	0.2885	湖南	0.1968
广东	0.2648	广西	0.2251	新疆	0.2052
全国平均	0.2368	全国最低	0.1402	全国最高	0.3708
东部	0.3625	中部	0.1431	西部	0.1597

从表 7 - 1 可以看出，2020 年黑龙江省装备制造业与生产性服务业融合度为 0.2103，在东北地区处于中等水平，而在全国范围内则明显偏低，均值尚未达到全国平均水平，与其他地区相比还有差距。分析发现，黑龙江省非研发创新到绩效的转化效率较低，在科技创新能力、经济体制改革力度、产业资源配置以及产业融合政策等方面明显低于其他区域，产业落后、区域经济发展质量的不均衡抑制了产业融合进程。

（2）装备制造业各行业与生产性服务业融合水平。

上文对黑龙江省装备制造业与生产性服务业融合程度在全国有了初步定位，但是装备制造业各行业具有不同的特征，且有些行业甚至存在显著差异。下面分行业对黑龙江省装备制造业与生产性服务业融合程度进行测度，结果如表 7 - 2 所示。

表 7 - 2　　　2020 年黑龙江省装备制造业各行业与生产性服务业融合度

	A_1	A_2	A_3	A_4	A_5	A_6
Con	0.2073	0.1902	0.1933	0.2194	0.1362	0.1936

注：Con 表示融合度；A_1 表示金属制品业；A_2 表示通用、专用设备制造业；A_3 表示交通运输设备制造业；A_4 表示电气机械及器材制造业；A_5 表示通信设备、计算机及其他电子设备制造业；A_6 表示仪器仪表及文化办公机械设备制造业。

从表 7 - 2 中我们看到金属制品业、交通运输设备制造业、电器机械及器材制造业与生产性服务业融合程度较高。通信设备、计算机及其他电子设备制造业与生产性服务业融合程度最低，虽然其知识密集性特征显著，却得到了最少的服务投入，再次验证了黑龙江省装备制造业中高技术产业比重较低、生产性服务业发展落后的现状。也说明高端装备制造业没有充足的高科技生产性服务业支撑，大部分为装备制造业提供的外部支持还限于装备制造业生产制造环节，以组成配套企业这种形式出现。零星的生产性服务企业不具备高精尖的服务水平，不足以同装备制造企业构成价值网络。

7.1.2　黑龙江省装备制造业与生产性服务业融合效应测度

7.1.2.1　黑龙江省两大产业融合效应水平

区域装备制造业与生产性服务业融合效应是两大产业融合对融合系统内外要素所表现出的正向促进作用，是融合系统各要素所追求的目标。明确黑龙江省装备制造业与生产性服务业融合效应水平对分析解决两大产业融合效应提升过程中存在的问题具有重要参考价值。

根据本书区域装备制造业与生产性服务业融合效应评价模型，对黑龙江省两大产业融合效应水平进行测度，并将黑龙江省置于东北地区及全国范围内，通过排名确定黑龙江省两大产业融合效应水平现状。实证数据主要来源于 2020 年《中国统计年鉴》《中国工业经济统计年鉴》《中国贸易外经统计年鉴》和各省市统计年鉴，部分数据参考国家统计局、发改委以及能源局等官方机构公布的数据资料，通过计算、转换和替代等方式获得。具体测度结果如表 7-3 所示。

表 7-3　　　2020 年黑龙江省装备制造业与生产性服务业融合效应

	黑龙江	吉林	辽宁	全国最低	全国最高	全国平均
效应指数	0.1339	0.1295	0.2988	0.1295	0.3865	0.2387

由此可知，虽然黑龙江省装备制造业与生产性服务业融合发展已取得一定进展，但还存在一系列问题。生产性服务业发展整体滞后，对两大产业融合起到的促进作用非常有限，融合仍以装备制造业为主导。不容乐观的是黑龙江省装备制造业整体呈现出缓慢发展状态。并且，装备制造业与生产性服务业融合效应水平明显落后于全国最高水

平，尚未达到全国平均水平。可见，黑龙江省装备制造业与生产性服务业融合效应水平同全国先进水平间仍存在差异，提升空间较大。

7.1.2.2　黑龙江省两大产业融合效应提升水平

本书利用前文 5.2.2 中的公式，计算得出不同年份黑龙江省装备制造业与生产性服务业融合效应提升水平到正（C^+）、负（C^-）理想解的距离以及相对贴近度（P），如表 7-4 所示。

表 7-4　　　黑龙江省两大产业融合效应提升水平与相对贴近度

年份	C^+	C^-	P	等级	提升水平
2012	0.091298	0.064639	0.414518	Ⅱ	中等
2013	0.090784	0.052202	0.365088	Ⅰ	较差
2014	0.080049	0.059598	0.426779	Ⅱ	中等
2015	0.080094	0.065067	0.44824	Ⅱ	中等
2016	0.075438	0.068813	0.477038	Ⅱ	中等
2017	0.070827	0.07849	0.52566	Ⅱ	中等
2018	0.062845	0.099759	0.613508	Ⅲ	良好
2019	0.059032	0.099883	0.624647	Ⅲ	良好
2020	0.057931	0.100245	0.62553	Ⅲ	良好

根据表 7-4 分析发现，2012～2020 年，评价对象到正理想解的距离 C^+ 总体呈现出下降态势，表明评价对象接近于正理想解；评价对象到负理想解的距离 C^- 呈现上升态势，表明评价对象远离于负理想解；相对贴近度 P 总体呈上升趋势，相关变动都表明黑龙江省装备制造业与生产性服务业融合效应提升水平趋向良好。

7.1.2.3　黑龙江省两大产业融合效应提升态势

一方面，本书依据 2014～2018 年间黑龙江省装备制造业与生产性服务业的相关数据，结合前文5.2.3中关于装备制造业与生产性服务业融合效应提升的动态评价模型，计算出各年份装备制造业与生产性服务业融合效应提升水平的四元联系数。另一方面，以2014～2018年时间段的测度结果为基期，计算黑龙江省装备制造业与生产性服务业融合效应提升水平的状态转移矩阵，并测算2019～2020年以及稳定情况下装备制造业与生产性服务业融合效应的提升态势。目前，关于装备制造业与生产性服务业融合效应提升水平测度，尚未制定权威的定级标准。故本书借助专家问卷法，对测度的装备制造业与生产性服务业融合效应提升的各个指标进行等级划分，共分为四个等级，如表7-5所示。

表7-5　　　　　　　　两大产业融合效应提升等级

等级	说明	性质
A 级	指标完全符合提升要求	确定性正向因素
B 级	指标基本符合提升要求	不确定性偏同差异因素
C 级	指标基本不符合提升要求	不确定性偏负差异因素
D 级	指标完全不符合提升要求	确定性逆向因素

利用熵权法进行权重计算，得到该指标体系中各指标权重为（0.3160，0.4416，0.2423，0.3315，0.4055，0.2630，0.3082，0.3293）。装备制造业与生产性服务业融合效应评价二级指标的原始数据定级结果如表7-6所示。

表7-6　　黑龙江省两大产业融合效应提升评价体系二级指标定级结果

指标	权重	2014年	2015年	2016年	2017年	2018年	2019年	2020年
产业中高端行业比重 P_1	0.1160	C	D	C	B	B	C	C
两大产业新产品产值 P_2	0.1416	B	A	D	C	D	B	B

指标	权重	2014年	2015年	2016年	2017年	2018年	2019年	2020年
工业增加值和新产品产值 P_3	0.1223	D	C	A	B	C	D	D
市场占有率 P_4	0.1311	A	B	C	B	B	A	C
区域 GDP 指标 P_5	0.1850	C	C	D	A	B	B	B
消费效应指数 P_6	0.0665	C	B	A	D	C	D	A
大专以上学历就业者比率 + 高校毕业生就业率 P_7	0.1082	B	C	C	D	D	B	D
单位 GDP 能耗的倒数 P_8	0.1293	D	D	B	C	A	B	B

结合表 7-6 的定级结果，利用所构造模型对黑龙江省装备制造业与生产性服务业融合效应提升水平进行动态测度，其四元联系数为

$$\mu_{2014} = 0.1341 + 0.2498i_1 + 0.3675i_2 + 0.2516j$$
$$\mu_{2015} = 0.1521 + 0.1976i_1 + 0.4155i_2 + 0.2453j$$
$$\mu_{2016} = 0.1783 + 0.1293i_1 + 0.3553i_2 + 0.3266j$$
$$\mu_{2017} = 0.1866 + 0.3694i_1 + 0.2709i_2 + 0.1747j$$
$$\mu_{2018} = 0.1298 + 0.4321i_1 + 0.1888i_2 + 0.2498j$$
$$\mu_{2019} = 0.1304 + 0.5641i_1 + 0.1160i_2 + 0.3048j$$
$$\mu_{2020} = 0.0714 + 0.4559i_1 + 0.2471i_2 + 0.2305j \quad (7-1)$$

本书取各年两大产业融合效应提升水平权重相同，则该时段黑龙江省装备制造业与生产性服务业融合效应提升水平的平均四元联系数为

$$\bar{\mu} = 0.1402 + 0.3578i_1 + 0.2933i_2 + 0.2617j \quad (7-2)$$

在计算每一年的转移概率矩阵后，求得 2014～2020 年平均加权转移矩为

$$\bar{P} = \begin{pmatrix} 0.7874 & 0.1782 & 0.0704 & 0 \\ 0.0642 & 0.7216 & 01803 & 0.0587 \\ 0 & 0.3673 & 0.5902 & 0.0601 \\ 0.0521 & 0.0821 & 0.2341 & 0.6493 \end{pmatrix} \quad (7-3)$$

2021～2023年黑龙江省装备制造业与生产性服务业融合效应提升水平的四元集对联系数为

$$\mu_{2021} = (0.0946,\ 0.3902,\ 0.3624,\ 0.1673) \times \overline{P} \times (1,\ i_1,\ i_2,\ j)^T$$
$$= 0.1183 + 0.4631i_1 + 0.3205i_2 + 0.2023j \qquad (7-4)$$
$$\mu_{2022} = 0.1384 + 0.4623i_1 + 0.2563i_2 + 0.1204j \qquad (7-5)$$
$$\mu_{2023} = 0.1015 + 0.4583i_1 + 0.3018i_2 + 0.1384j \qquad (7-6)$$

黑龙江省装备制造业与生产性服务业融合效应提升水平的四元联系为

$$\mu(\kappa) = 0.1432 + 0.3804i_1 + 0.2783i_2 + 0.1427j \qquad (7-7)$$

参照表7-5，对2014～2020年以及稳定情况下，黑龙江省装备制造业与生产性服务业融合效应提升水平联系数进行势级划分，如表7-7所示。

表7-7 黑龙江省两大产业融合效应提升水平联系数及势级划分

联系数	满足条件	集对势	势集
$\mu_{2014} = 0.1341 + 0.2498i_1 + 0.3675i_2 + 0.2516j$	$d \leqslant a+b,\ d>a$ $d<c,\ c+d<a+b$	0.7871	微反势 31级
$\mu_{2015} = 0.1521 + 0.1976i_1 + 0.4155i_2 + 0.2453j$	$d \leqslant a+b,\ d>a$ $d<c,\ c+d<a+b$	0.6778	微反势 31级
$\mu_{2016} = 0.1783 + 0.1293i_1 + 0.3553i_2 + 0.3266j$	$d \leqslant a+b,\ d>a$ $d<c,\ c+d>a+b$	0.2580	微反势 33级
$\mu_{2017} = 0.1866 + 0.3694i_1 + 0.2709i_2 + 0.1747j$	$d \leqslant a+b,\ d>a$ $d<c,\ c+d>a+b$	0.2126	微反势 33级
$\mu_{2018} = 0.1298 + 0.4321i_1 + 0.1888i_2 + 0.2498j$	$a \leqslant c+d,\ a>d$ $a<b,\ a+b>c+d$	1.9585	微同势 18级
$\mu_{2019} = 0.1304 + 0.5641i_1 + 0.1160i_2 + 0.3048j$	$a \leqslant c+d,\ a>d$ $a<b,\ a+b>c+d$	1.9585	微同势 18级
$\mu_{2020} = 0.0714 + 0.4559i_1 + 0.2471i_2 + 0.2305j$	$a \leqslant c+d,\ a>d$ $a<b,\ a+b<c+d$	3.1761	微同势 20级

续表

联系数	满足条件	集对势	势集
$\mu_{2021} = 0.1183 + 0.4631i_1 + 0.3205i_2 + 0.2023j$	$d \leqslant a+b+c,\ d>a+b$ $d<c,\ c>a+b$	0.3059	微反势 33 级
$\mu_{2022} = 0.1384 + 0.4623i_1 + 0.2563i_2 + 0.1204j$	$d \leqslant a+b,\ d>a$ $d<c,\ c+d>a+b$	0.1793	弱反势 40 级
$\mu_{2023} = 0.1015 + 0.4583i_1 + 0.3018i_2 + 0.1384j$	$a \approx d,\ a<b+c,\ b>c$	0.8937	微均势 28 级
$\mu(\kappa) = 0.1432 + 0.3804i_1 + 0.2783i_2 + 0.1427j$	$a \leqslant c+d,\ a>d$ $a<b,\ a+b>c+d$	1.0287	微同势 18 级

黑龙江省装备制造业与生产性服务业融合效应提升水平集对势值的动态变化情况，如图7-1所示。

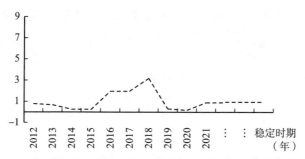

图7-1 黑龙江省两大产业融合效应提升水平集对势值变化趋势

由表7-7和图7-1的实证结果可知，2014年以来，黑龙江省装备制造业与生产性服务业融合效应提升态势趋于平稳，基本走出了反势困局并稳步迈向同势水平。但黑龙江省装备制造业与生产性服务业融合路径的阶段性波动特征致使装备制造业与生产性服务业融合效应水平提升也呈现阶段性波动。

7.2　黑龙江省装备制造业与生产性服务业 融合效应提升机制分析

7.2.1　黑龙江省装备制造业与生产性服务业 融合效应提升驱动机制

在黑龙江省，装备制造业与生产性服务业融合效应提升活动有动力代表有需求，能满足需求，装备制造业与生产性服务业融合效应提升才有意义。黑龙江省肩负国家工业经济建设的支撑重任。伴随着装备制造业与生产性服务业融合发展，企业家特质和企业家精神逐渐形成并成为黑龙江省两大产业融合效应提升的强大动力。正是企业家们强大的领导精神、创业和敬业精神促使黑龙江省多项工业技术、创新技术、融合技术从空白到领先。如东安动力集团，高层领导紧跟"十四五"规划的发展思路，使东安集团逐渐实现从生产型企业向服务型企业的转变，充分说明了在装备制造业与生产性服务业融合效应提升过程中，企业家的力量是不可忽视的。

并且，政策对黑龙江省装备制造业与生产性服务业融合效应提升具有重要的引导和支持作用。黑龙江省装备制造业与生产性服务业融合效应提升活动由占据主导地位的装备制造企业率先开展。一方面，用户需求和产业需求拉力、融合附加值诱导力会直接或间接增强装备制造企业高层决策者、管理者影响力，并作用于融合效应提升先行组织，激发出先行组织的融合效应提升意愿。另一方面，产业融合政策支持力、科技创新推动力将产生协同、耦合作用，推动先行组织开展融合效应提升活动。因此，在高层决策者、管理者影响力的激发作用和科技创新推动力的保障作用下，先行组织开始进行融合效应提升活动，标志着黑龙江省装备制造业与生产性服务业融合效应提升驱动机制的启动。

此外，黑龙江省装备制造业拥有一批以哈尔滨电气集团、东安汽车动力股份有限公司等为代表的各装备行业主导企业，这些主导企业规模大、技术高、市场份额多，在黑龙江省装备制造业与生产性服务业融合效应提升活动的开展过程中起到了先行作用。在自身价值增值能力增强的同时，也为黑龙江省装备制造业与生产性服务业融合效应发展贡献了力量。由此可见，在黑龙江省装备制造业与生产性服务业融合效应提升动力能量积聚的基础上，通过动力系统与环境之间信息、能量以及物质的流动，引发环境和提升动力产生新的变化，从而开始新一轮的融合效应提升。

7.2.2 黑龙江省装备制造业与生产性服务业融合效应提升实现机制

7.2.2.1 黑龙江省两大产业融合效应提升战略协同

黑龙江省装备制造业与生产性服务业融合效应提升战略的形成需要有一个发起者，这个发起者往往是黑龙江省大中型的装备制造企业，例如哈尔滨电气集团公司、中航工业哈尔滨飞机工业集团有限责任公司等，综合实力雄厚且有强烈的装备制造业与生产性服务业融合效应提升需求和愿望。装备制造企业需要与生产性服务企业协同，根据企业自身的技术特点、行业内的技术发展形势和市场需求状况，确定装备制造业与生产性服务业融合效应提升协同战略的方向以及预期取得的装备制造业与生产性服务业融合效应提升成果。

7.2.2.2 黑龙江省两大产业融合效应提升伙伴优化

依据黑龙江省装备制造业与生产性服务业融合效应提升协同战略，确定潜在的合作伙伴名单。潜在的合作伙伴名单确定之后，装备制造业与生产性服务业融合效应提升活动的发起者需要对名单上的组织机构进行筛选。通常情况下，企业会优先考虑与自身有过合作经历或正在合作的组织机构。在此之后，装备制造企业要与符合自身要求的组织机构及时针对合作意愿、合作方式、投入比例、利益分配等内容进行洽谈与协商，排除无法达成一致的合作对象，甄选出合适的合作伙伴。确定合作伙伴后，各方应签订统一的合约，明确各自的权利与义务，并就即将进行的装备制造业与生产性服务业融合效应提升活动的相关内容进行探讨，以便确定协同合作方向与合作方式等。

黑龙江省装备制造业与生产性服务业融合效应提升过程中，合作伙伴间的关系优化需要依靠融合知识内化以提高参与主体与合作伙伴之间的利益共享、风险共担、可置信承诺等，推进合作组织之间基于能力信任和善意信任共同致力于装备制造业与生产性服务业融合效应的提升。虚拟战略联盟是促进黑龙江省装备制造业与生产性服务业知识内在化过程的平台，合作组织之间放心信赖地共享、传递和扩散已有的显性知识，包括文档、书面文件等，并且通过各合作伙伴之间的沟通合作充分借鉴和学习对方的知识和技能，建立高绩效工作实践系统，增强组织承诺感。近些年来，黑龙江省加大力度建设和发展虚拟战略联盟，具有代表性的包括黑龙江动力装备产业战略联盟、黑龙江省风电产业技术创新战略联盟、黑龙江省半导体照明产业创新战略联盟等。与此同时，黑龙江省投入大量的人力、物力和财力支持技术创新服务平台建设，代表性的包括动力装备服务平台、智能仪表及能源管理服务平台等。

7.2.2.3　黑龙江省两大产业融合效应提升价值整合

根据前文设计的装备制造业与生产性服务业融合效应提升价值整合程序与模型，对黑龙江省装备制造业与生产性服务业融合效应提升核心价值要素进行识别、获取与重构。

（1）融合效应提升核心价值识别。

具体的识别步骤为计量区域装备制造业与生产性服务业融合价值

成本以及确定最优融合价值组合模型。由此确定黑龙江省装备制造业与生产性服务业融合核心价值。具体包括完整且成熟的产业链条、配套的融合管理服务、高水平的科技人才以及完善的融合技术与知识扩散体系。科技人才作为制造企业员工的骨干，是组织发展的重要基础。作为高素质人力资本的科技人才通过知识、技术的静态整合与动态重构将其丰富的知识储备传播给基层技能员工，可以实现高低技能劳动力优势互补和有效匹配，提升融合系统整体人才素质。并且，科技人才的"信息敏感性"使其能够接触到更为先进的技术与理念，促进两大产业融合技术升级。此外，科技人才的"趋群性"促使其向经济发达、技术发展水平高的地区流入，而科技人才的有序流动与合理聚集是区域高质量发展的重要支撑。

（2）融合效应提升价值缺口识别。

资源稀缺性理论决定了价值缺口一直伴随着黑龙江省装备制造业与生产性服务业融合效应提升过程。黑龙江省装备制造业与生产性服务业融合效应提升价值资源缺口如图 7-2 所示。

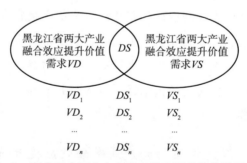

图 7-2　黑龙江省两大产业融合效应提升价值供需匹配

黑龙江省装备制造业与生产性服务业融合效应提升战略制定后，在战略实施的不同阶段都可能伴随着价值缺口的存在。每一项价值增值活动都存在相应的业务流程，而每一个业务都需要若干价值资源来支持完成。根据相应的关键事件可以确定融合效应提升的价值资源需

求集合 *VD*。对于装备制造业与生产性服务业融合效应提升价值资源供给情况，应从黑龙江省两大产业融合效应提升过程现有价值资源的类型、存量、属性特性以及使用情况等基本属性状况进行分析评估。黑龙江省装备制造业与生产性服务业融合效应提升价值资源供给主要包括参与组织成员愿意贡献的各种价值组成，可以从黑龙江省相关的融合信息化平台集聚的价值资源汇总信息列表获取，即装备制造业与生产性服务业融合效应提升价值资源供给集合 *VS*。

（3）融合效应提升价值获取与配置。

为有效弥补黑龙江省装备制造业与生产性服务业融合效应提升价值缺口，必须结合现有价值的实际水平实现分配问题。在价值稀缺的情况下，需要判断不同的缺口价值以某种策略弥补或获取的可能性。可以根据两大产业融合效应提升价值需求的重要性将缺口价值分为急需价值资源和非急需价值资源两类，并将现有价值资源尽可能地分配到急需处，然后再考虑非急需价值的获取以保障现阶段两大产业融合效应提升活动得以正常运转。

有效价值通常属于核心价值，因此这些价值的获取成为装备制造业与生产性服务业融合效应提升参与组织获得显著价值增值收益的优选渠道。根据黑龙江省装备制造业与生产性服务业融合效应提升价值共享程度、融合效应提升急需的紧迫性以及能为组织带来显著性效益的价值进行获取渠道分析。具体如表 7－8 所示。

表 7－8　　黑龙江省两大产业融合效应提升有效价值的首选获取渠道

类别	优选获取渠道	黑龙江省首选
I	经验总结、建立价值共享数据库等	
II	企业专家团队从"价值库"中挖掘、专家短期工作等	√
III	重点利用杠杆资源的杠杆作用	
IV	中介机构、购买等	
V	构建学习型组织、产业融合系统等	

续表

类别	优选获取渠道	黑龙江省首选
Ⅵ	融合系统中寻求关键合作伙伴、构建核心团队等	√
Ⅶ	人才引进、竞争企业价值吸引等	√
Ⅷ	顾客、经销商价值共享等	

采用专家调查法，选取 10 位装备制造业领域的专家，其中 5 位专家成员是来自具有产业融合性质的装备制造企业的高层领导，5 位专家成员是来自东北高校的具有丰富装备制造业与生产性服务业融合研究的教授或副教授。分值设定为 1 到 5，1 表示非常差，2 表示比较差，3 表示适中，4 表示比较好，5 表示非常好。设定阈值 $S_t = 0.75$；功能匹配层是根据装备制造业与生产性服务业融合系统对两大产业融合效应提升价值的描述进行匹配服务，设定阈值 $S_f = 0.7$；约束匹配层是对装备制造业与生产性服务业融合效应提升价值属性进行相关区间的设定，设定阈值 $S_q = 0.6$；综合匹配层是根据以上三层的匹配结果进行综合匹配，设定阈值 $S_c = 0.7$。装备制造业与生产性服务业融合效应提升价值匹配服务需求如表 7 - 9 所示。

表 7 - 9　　　黑龙江省两大产业融合效应提升价值匹配需求

层次匹配	具体匹配	匹配阈值
第一层匹配	类型匹配	0.75
第二层匹配	功能匹配	0.7
第三层匹配	约束匹配	0.6
第四层匹配	综合匹配	0.7

7.2.3　黑龙江省装备制造业与生产性服务业融合效应提升调控机制

在黑龙江省装备制造业与生产性服务业融合效应提升调节过程

中，高校、科研机构、中介机构、金融机构等将新的法律法规、产业政策、激励制度等传递给系统内的企业，同时又将政府政策和规划在实施过程中的各种信息反馈给政府。在这个过程中政府起到宏观调控的作用，高校、科研机构、中介机构、金融机构等充当着沟通桥梁的作用，促进了政策、制度、法规等的改进，更好协调两大产业融合效应提升。在市场规律的约束下，通过政府的宏观调控，高校、科研机构、中介、机构等的沟通调节，参与主体间形成了网络式的集中控制调节机制，促进着黑龙江省两大产业融合效应的可持续提升。在校企合作方面，至 2018 年底，全省规模以上企业有 500 多户与国内外 100 多所大学和 200 多个研究机构建立了合作关系。其中哈电集团与哈尔滨工业大学，哈飞集团、哈电机厂与哈尔滨理工大学，哈汽轮机厂与哈尔滨工业大学、哈尔滨工程大学等组建的产业联盟实现了重大突破。

7.3　黑龙江省装备制造业与生产性服务业融合效应提升机制评价

7.3.1　黑龙江省装备制造业与生产性服务业融合效应提升机制评价指标

7.3.1.1　设计原则

区域装备制造业与生产性服务业融合效应提升机制是一个有机整体，评价指标体系的设计必须遵循一定的原则：（1）全面性原则。装备制造业与生产性服务业融合效应提升机制评价，必须考虑评价指标的系统性、全面性，做到有重点的全面。同时，构建评价模型时，要符合融合效应提升的特点和规律。（2）适用性原则。装备制造业与生产性服务业融合效应提升机制运行要素间，联系密切、划分过细会导致模型变量过多，在应用性方面则会受到较大限制，降低实用价值。（3）科学性原则。量化评价装备制造业与生产性服务业融合效应提升机制协同度、运行效果时，选取评价指标要保证不影响模型的合理性，优先选取容易获取、更易量化的指标数据，以便保证评价模型实证检验的完成。

7.3.1.2 概念模型

本书将驱动机制、实现机制、调控机制同区域装备制造业与生产性服务业融合效应提升水平置于同一研究视域下，[154] 以驱动机制、实现机制、调控机制三个子机制中的关键因素作为自变量，以两大产业融合效应提升水平作为因变量，分别探究驱动机制、实现机制以及调控机制对区域两大产业融合效应提升的单独和联合作用机制。概念模型如图 7 - 3 所示。

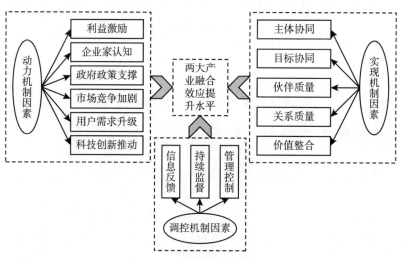

图 7 - 3 作用机理概念模型

7.3.1.3　指标体系

区域装备制造业与生产性服务业融合效应提升具体指标如表 7 – 10
所示。

表 7 – 10　　　　　　　　　机制评价指标体系

目标层	准则层	指标层
驱动机制（*Dyn*）	利益驱动	两大产业融合产值
	企业家特质	融合项目经费支出
	市场竞争加剧	两大产业的企业数量
	用户需求升级	用户倾向指数
	科技创新	R&D 投入水平
	政策支撑	国有投资额增长率
实现机制（*Rea*）	主体协同	关联方网络交易量
	目标协同	目标匹配性
	伙伴质量	异质性水平
	关系质量	利益共享水平
		风险共担水平
	价值整合	价值要素吸收能力
		价值需求响应能力
调控机制（*Reg*）	信息反馈	信息共享
		信息系统
	持续监督	反舞弊
		缺陷认定
	管理控制	决策管理
		组织管理

在模型估计前，采用灰色关联度分析法对区域装备制造业与生产
性服务业融合效应提升水平与利益驱动、企业家特质、市场竞争加

剧、用户需求升级、科技创新以及政策支撑的关联度进行测试，测试结果分别为 0.9731、0.9243、0.9574、0.9185、0.9329、0.9147、0.9328，这表明装备制造业与生产性服务业融合效应提升水平与这些变量之间存在显著相关性，也说明了指标选择的合理性。

7.3.2　黑龙江省装备制造业与生产性服务业融合效应提升机制评价过程

为保障区域装备制造业与生产性服务业融合效应提升机制设计的科学性与有效性，本章在装备制造业与生产性服务业融合效应提升驱动机制、实现机制与调控机制研究成果的基础上，将这三类提升子机制纳入一个研究框架，以验证各个子机制运行对装备制造业与生产性服务业融合效应提升的作用效果，发现现有两大产业融合效应提升机制运行的不足，并为科学设计及优化装备制造业与生产性服务业融合效应提升机制奠定基础。

7.3.2.1　运行评价模型

区域装备制造业与生产性服务业融合效应提升水平的测算方法参考 5.2.2 节。鉴于 SFA 法可以实现驱动机制、实现机制、调控机制与装备制造业与生产性服务业融合效应提升水平的"一步法"分析,[3] 本书选择 SFA 法作为驱动机制、实现机制与调控机制对区域装备制造业与生产性服务业融合效应提升作用效果的检验方法。对于设定的随机前沿生产模型，需要确定合适的生产函数形式以避免先验设定的错误。为了增加模型经济含义的直观性和结果的准确性，本书采用大多数学者（Benedetto，2012）使用的柯布－道格拉斯生产函数构建检验模型[155]。

基于前文理论分析，分别构建基本面板模型、考虑调节效应的面板模型以分析驱动机制、实现机制、调控机制对区域装备制造业与生产性服务业融合效应提升的作用效果。在此基础上，构建考虑时间滞后效应的面板模型进行内生性检验。

（1）基本面板模型。

基本面板模型主要包括驱动机制的作用模型、实现机制的影响模型、调控机制的作用模型以及驱动机制、实现机制与调控机制的协同作用模型。

$$\ln Q_{(Emi*Psi)ti} = \lambda_0 + \lambda_1 X_{1ti} + \mu_t + \nu_t + \varepsilon_{ti} \qquad (7-8)$$

式（7-8）是驱动机制对因变量影响的回归模型。其中，下标 t 和 i 分别表示区域代码和年份；μ_t 表示区域虚拟变量，即不随时间变化的固定效应；ν_t 表示时间虚拟变量，即各区域共同的时间趋势；ε_{ti} 表示误差调节项；λ_0 表示常数项，λ_1 表示相应变量系数；$\ln Q_{Emi\times Psi}$ 表示区域各年度装备制造业与生产性服务业融合效应提升水平的因变量，式中 $\ln Q_{(Emi\times Psi)ti}$ 特指 t 区域第 i 年度的装备制造业与生产性服务业融合效应提升水平；X_1 表示区域各年度装备制造业与生产性服务业融合效应提升驱动机制的自变量。X_{1ti} 特指 $Dyn_{(Emi\times Psi)ti}$，即 t 区域第 i 年度装备制造业与生产性服务业融合效应提升的动力水平。

$$\ln Q_{(Emi\times Psi)ti} = \lambda_0 + \lambda_2 X_{2ti} + \mu_t + \nu_t + \varepsilon_{ti} \qquad (7-9)$$

式（7-9）是实现机制对因变量影响的回归模型。其中，下标 t、i 和 μ_t、ν_t 以及 $\ln Q_{Emi\times Psi}$ 的含义同式（7-8）；X_2 表示区域各年度装备制造业与生产性服务业融合效应提升实现机制的自变量。X_{2ti} 特指 $Rea_{(Emi\times Psi)ti}$，即 t 区域第 i 年度装备制造业与生产性服务业融合效应提升的实现水平。

$$\ln Q_{(Emi\times Psi)ti} = \lambda_0 + \lambda_3 X_{3ti} + \mu_t + \nu_t + \varepsilon_{ti} \qquad (7-10)$$

式（7-10）是调控机制对因变量影响的回归模型。其中，下标 t、i 和 μ_t、ν_t 以及 $\ln Q_{Emi\times Psi}$ 的含义同式（7-8）；X_3 表示区域各年度装备制造业与生产性服务业融合效应提升调控机制的自变量。X_{3ti} 特指 $Reg_{(Emi\times Psi)ti}$，即 t 区域第 i 年度装备制造业与生产性服务业融合效应提升的调控水平。

$$\ln Q_{(Emi \times Psi)ti} = \lambda_0 + \lambda_1 X_{1ti} + \lambda_2 X_{2ti} + \lambda_3 X_{3ti} + \mu_t + \nu_t + \varepsilon_{ti} \quad (7-11)$$

式（7-11）是驱动机制、实现机制、调控机制因素对装备制造业与生产性服务业融合效应提升的协同作用回归模型。式（7-11）中的变量解释同式（7-8）至式（7-11）。

（2）考虑时间滞后效应的面板模型。

驱动机制、实现机制、调控机制与区域装备制造业与生产性服务业融合效应提升水平之间的交互式循环促进关系决定两大产业融合效应提升是一个动态过程。如果一个地区能够通过驱动机制、实现机制与调控机制有效促进该地区装备制造业与生产性服务业融合效应水平提升，那么该驱动机制、实现机制、调控机制建设必将得到重视和强化。这表明前期的机制建设会对当期装备制造业与生产性服务业融合效应提升水平产生影响。为了增强回归分析的可靠性，本书借鉴杨昌浩[156]的做法，引入系统 GMM 方法检验模型中因变量的内生性问题，在式（7-11）的基础上引入因变量（两大产业融合效应水平）一阶滞后项将其扩展为一个动态计量模型：

$$\ln Q_{(Emi \times Psi)ti} = \lambda_0 + \beta \ln Q_{(Emi \times Psi)t(i-1)} + \lambda_1 X_{1ti} \quad (7-12)$$
$$+ \lambda_2 X_{2ti} + \lambda_3 X_{3ti} + \mu_t + \nu_t + \varepsilon_{ti}$$

式中，下标 t、i 及 μ_t、ν_t、$\lambda_0 \sim \lambda_3$、X_{1ti}、X_{2ti}、X_{3ti}、$\ln Q_{Emi \times Psi}$ 含义同式（7-8），$\beta \ln Q_{(Emi \times Psi)t(i-1)}$ 表示因变量（装备制造业与生产性服务业融合效应提升水平）一阶滞后项。

在模型估计前，为确保评价模型的有效性，采用极大似然估计法（MLE）进行模型检验，γ 值均高度显著，从而证明了使用 SFA 模型的合理性以及评价模型的有效性；为确保该评价模型在面临变动的模型和样本系数时具备相对稳定的评价能力，借鉴评价模型鲁棒性度量的相关研究成果[157]，采用"肯德尔和谐系数"检验评价体系的鲁棒性，具体如式（7-13）所示。

$$\omega_{n_1} = \frac{\sum\limits_{i=1}^{n_1} R_i^2 - \frac{1}{n_1}\left(\sum\limits_{i=1}^{n_1} R_i\right)^2}{\frac{1}{12}(n - n_1 + 1)^2(n_1^3 - n_1)} \qquad (7-13)$$

式中，n_1 取值区间为 $[2, \cdots, n-1]$，ω_{n_1} 越小则表明评价模型的鲁棒性越好。基于此模型，测度驱动机制、实现机制、调控机制对区域装备制造业与生产性服务业融合效应提升水平影响模型的 ω_{n_1} 值为 0.9006，本书构建的模型具有很好的鲁棒性。

7.3.2.2　运行评价结果

黑龙江省装备制造业与生产性服务业融合效应提升机制运行效果如表 7 – 11 所示。

表 7 – 11　黑龙江省两大产业融合效应提升机制运行的回归结果

变量	因变量				
	运行检验				滞后项检验
自变量	式（7 – 5）	式（7 – 6）	式（7 – 7）	式（7 – 8）	式（7 – 9）
Dyn	0.412 ***			0.452 ***	0.463 ***
Rea		0.319 ***		0.329 ***	0.339 ***
Reg			0.302 ***	0.317 ***	0.325 ***
R^2	0.037	0.049	0.158	0.163	0.198
$\text{Adjust}R^2$	0.016	0.019	0.021	0.025	0.121
F	20.985 ***	22.409 ***	25.432 ***	25.541 ***	26.971 ***

注：* 表示 p < 0.1；** 表示 p < 0.05；*** 表示 p < 0.01。

分析发现，驱动机制、实现机制与调控机制对黑龙江省装备制造业与生产性服务业融合效应提升都具有显著正向影响。其中，驱动机制的作用力最强，实现机制与调控机制对装备制造业与生产性服务业融合效应提升的作用力基本一致。

此外，结果显示存在三个子机制的一阶滞后项时，黑龙江省装备制造业与生产性服务业融合效应提升驱动机制、实现机制与调控机制的影响效果更为显著。这表明黑龙江省装备制造业与生产性服务业融合效应提升的累积作用明显。

7.3.3 黑龙江省装备制造业与生产性服务业融合效应提升机制优化策略

7.3.3.1 驱动机制优化策略

黑龙江省装备制造业与生产性服务业融合效应提升动力施加的迫切性不够明显。迫切性不强则会让装备制造业与生产性服务业融合效应提升活动进行迟缓甚至停滞，不利于装备制造业与生产性服务业融合效应提升驱动机制运转和相应作用的发挥。因此，需要培育融合效应提升动力供给能力。

（1）增强企业带动力。

黑龙江省所处的地理位置和经济发展水平的现实情境，导致其金融行业发展速度和水平相对滞后，严重影响两大产业融合效应提升的企业带动力。资源禀赋是组织价值整合的关键性影响因素，通过提高黑龙江省两大产业融合效应提升的金融环境，减少资金困难，增强领导的决策支撑。一方面，从政策性金融机构方面着手改善。政府在制定信贷政策时，实施差异化信贷利率。对于能够提供高附加值产品、服务的融合效应提升活动，应适当放宽利率管控，并进行政策倾斜性扶持。与此同时，黑龙江省的政策性金融机构需要提供更广范围的融资担保业务，将产品、服务潜力和未来预期收益作为信贷审核的重要标准。另一方面，建立配套的信贷服务推进机制、风险评估与管理机制。

（2）提高技术创新支撑力。

加大人才引进力度、建立完善的人才培养制度和完整的绩效考核评价系统投入大量的人才资源，尤其是科技型人才，以完善黑龙江省的人力资源保障体系，并汇集各种类型的金融投资机构。此外，加强基础性科学研究工作，加强黑龙江省装备制造业与生产性服务业的应用型技术创新。

（3）扩大用户需求升级拉力。

为引导黑龙江省装备制造业与生产性服务业融合效应提升的用户需求升级，必须要形成具有地方特色的装备制造业与生产性服务业融合效应提升方向。培养消费者的融合生活方式、加大政府融合采购力度及完善政府融合采购体制来引导和培育黑龙江省融合市场环境。

7.3.3.2　实现机制优化策略

黑龙江省装备制造业与生产性服务业融合效应提升过程是多个主体共同参与并完成的。各主体间沟通方式的差异造成的信息不对称、利益不平等危机给装备制造业与生产性服务业融合价值整合过程带来了极大的挑战。新媒体时代，云计算理论为黑龙江省装备制造业与生产性服务业融合价值识别、获取与匹配活动的顺利开展、融合多价值优化匹配效率的提高提供了优势。

一方面，要构建信息化网络云平台，加强高效率的信息沟通，构建基于模块化的资源共享调节机制，以模块为资源共享与交互载体，推进数字化资源配置进程。完成对知识、技术资源的统筹工作，有效地汇集更多的互补性资源，各主体可以对知识、技术进行查询、检索，形成共享价值库。另一方面，要培育高质量的组织网络。根据利益相关者理论，装备制造业与生产性服务业融合效应提升过程中，每个利益相关者的投入都会影响装备制造业与生产性服务业融合效应提升的效率和效果。并且，装备制造业与生产性服务业融合效应提升过程中，终极目标是追求利益相关者的总体利益。黑龙江省装备制造业与生产性服务业融合效应提升各参与主体需要根据自身的战略需求积极搜寻最优合作伙伴，进而产生更多的价值创造。根据提升需要，在装备制造业与生产性服务业融合效应提升的不同时期，由不同主体发挥主导作用。黑龙江省装备制造业与生产性服务业融合效应提升整体状态不佳，需要将参与组织进行有效对接。

7.3.3.3 调控机制优化策略

受行政体制管理思维的影响，黑龙江省装备制造业与生产性服务业融合效应提升过程中的信息调控方面反应迟缓。信息调控滞后与不畅通会严重影响黑龙江省装备制造业与生产性服务业融合效应提升的效率和效果。缺乏充分沟通，加之利益分配不均等问题会导致融合协作过程中出现组织间的抵触情绪和行为。

信息技术网络作为黑龙江省装备制造业与生产性服务业融合效应提升调控的底层建筑，肩负网络治理工具与网络治理对象的双重身份。一方面，应该依据参与组织的效应提升功能的差异性以及其所处融合网络的地位特征，授予其与提升战略相适宜的操作权限、决策权力和责权范畴，并面向整个信息技术网络治理活动的各环节，建立适宜的绩效考核与效果评价体系，依据评价效果对技术网络治理体系进行修正完善；另一方面，信息问题愈发受到地方政府关注、重视，各地区可依据本地实际情况，丰富并充分利用相应的法律法规来规范信息技术网络活动，并通过相应的管理机构的增设与调整，实现网络信息资源分配优化的高效率，以期实现信息繁衍与信息再造。

7.4 本章小结

基于本书的研究目标和内容，以黑龙江省为例，对区域装备制造业与生产性服务业融合效应提升机制进行实证研究。在揭示黑龙江省装备制造业与生产性服务业融合效应提升水平、提升机制现状的基础上，评价当前黑龙江省装备制造业与生产性服务业融合效应提升机制运行效果，并有针对性地提出优化策略。

附录1

关于"区域装备制造业与生产性服务业融合效应演化要素"的访谈提纲

1. 关于装备制造业与生产性服务业的融合，您是怎样理解的？

2. 您参与过哪些，或您所在的企业中有哪些装备制造业与生产性服务业融合行为？能否简述一下？

3. 关于装备制造业与生产性服务业融合效应，您是怎样理解的？

4. 在您参与或了解的项目中，装备制造业与生产性服务业融合行为发生后，都产生了哪些效应？

5. 对于装备制造业与生产性服务业融合效应的演化，您的理解是怎样的？

6. 装备制造业与生产性服务业融合效应的演化，您认为是必然趋势吗？请谈谈您的想法。

7. 能否介绍一下您所在企业的哪些行为促进了装备制造业与生产性服务业融合效应的演化？请举出 1~3 个具体例子。

8. 在以上举例中，您认为企业内部有哪些因素对装备制造业与生产性服务业融合效应演化起到了非常重要的作用？

9. 以上举例中，您认为企业外部有哪些因素或哪些事件对装备制造业与生产性服务业融合效应演化起到了非常重要的作用？

10. 在以上举例中，请谈一谈装备制造业与生产性服务业融合效应演化的关键环节有哪些？

11. 以上举例中，您认为企业的哪些决策对装备制造业与生产性服务业融合效应演化起到了重要甚至决定性作用？

12. 除了上述提到的内容外，您认为还有哪些要素对装备制造业与生产性服务业融合效应的演化具有重要作用？

附录2

关于"区域装备制造业与生产性服务业融合效应演化要素"的开放式编码

编号	范畴	初始概念
1	资源投入	(1) 越来越多的高校主动申请与我们企业建立合作关系,企业去年招聘的人才有13人来自"985"和"211"本科院校,5人学历为硕士及以上,去年开始招聘博士研究生,人才引进力度增强,并符合融合发展的复合型人才储备资格
		(2) 通过现今便捷的信息化网络平台,既能够达到协同设计的效果,又能实现对数据的收集和管理
		(3) 各个阶段均离不开资金的支持,我们企业可以通过不同的融资机构拓展融资空间,并培育资金获取和投入能力,以突破融合效应发展瓶颈
		(4) 依赖于信息与通信技术等现代化技术手段的运用,一个较高的管理水平有助于融合效应的高水平发展
2	效应附加值	(1) 融合效应要素的多寡主要反映为附加值指标,融合效应附加值水平与融合效应发展能力的消长存在直接关系
		(2) 附加值反映区域两大产业融合以寻求具有高水平融合效应发展能力的区域为经济动因
3	企业家特质	(1) 融合效应的提升势不可当,企业高层决策者、管理者必须顺应环境的变化做出改变
		(2) 企业关键竞争力在于创新,而产业融合作为一种产业创新的新范式,其效应的形成与实现是高层管理者的成就需要
		(3) 企业发展环境瞬息万变,但主流方向不会变,从现在的大环境看,企业的高层管理者在追求利润的同时,还应注重融合效应形成与发展战略的引领
		(4) 当前,我们企业发展得很好,在同区域同行业中地位领先,需要在区域经济以及两大产业融合效应的发展过程中贡献力量,并做出表率

续表

编号	范畴	初始概念
4	优惠政策	（1）地方政府为促进两大产业融合效应的产生和发展，在税收、金融等方面实行减税政策
		（2）政府的人才引进和人才补贴政策可以为融合效应发展解决大问题
5	制度支持	（1）政府的产业规制强度相对放松可以增强市场活力，扩大融合效应发展空间
		（2）融合创新成果需要通过申请专利的方式进行保护，知识产权保护法律体系的完善可减少融合知识外泄带来的冲突
		（3）政府融合采购力度的增强和政府融合采购体制的完善引领消费者的融合消费模式，培养消费者的融合生活方式
6	市场竞争加剧	（1）现在传统装备制造产品的利润已经被压得很低
		（2）别人（竞争企业）都在通过加强与相关性生产性服务业合作来获取新的附加值，如果我们企业不再寻求创新转型、发展，被淘汰是终究要面临的
7	用户需求升级	（1）现在消费者在购买商品时，更加倾向于个性化，甚至有些用户会和我们形成产品定制化合约。近年来，"装备＋服务"这类融合型产品更受到用户欢迎，这是一个商机
		（2）目前，我们企业紧抓商机，再生产原有制造产品的同时，推出了更受欢迎的融合新产品，销售量可观
		（3）我们也从市场那里了解到，客户对我们企业新推出的这一类融合产品，满意程度要高于原有的传统制造产品
		（4）在推出融合产品的时候，也要生产原有的传统装备制造产品，以同时满足市场上的新旧产品需求
8	技术创新	（1）企业推出的融合产品在质量和功能上有很大突破，尤其在创新上的科研产出在行业内占据领先地位
		（2）企业融合产品在业内市场的发展已是大势所趋，目前我们企业正在致力于工艺方面的创新

续表

编号	范畴	初始概念
9	科技进步	（1）科学进步决定了两大产业融合效应发展的层次和竞争力，为推动两大产业融合效应发展提供了物质条件
		（2）推动两大产业技术进步能够有效保障融合效应发展动力，进而保证两大产业融合效应提升效率和效果
10	战略规划	（1）融合效应的发展不是一蹴而就、漫无目的的，必须服从融合效应发展战略规划引导
		（2）融合效应发展战略规划必须着重分析融合效应发展的主导优势、核心能力、基础环境以及效应发展定位
		（3）融合效应发展战略设计需要包括时间维度和范围维度的具体目标分解和设计、具体的战略实施路径以及全面的战略实施方案
11	组织决策	（1）两大产业融合效应的发展需要制定中长期规划，一般由我们企业的领导者来完成，有明显的强制性
		（2）我们企业的领导拥有话语权，组织赋予他们制定决策的权力，我们服从并实施决策
12	主体协同	（1）近期，我们企业在不断地完善相关制度，在业务流程重组方面也做了很多铺垫，下一步的主要任务是调整、优化现有的组织结构，精简冗杂的组织层级，进一步解除陈旧的、固化的协同活动
		（2）企业与生产性服务企业建立协同活动集，并编制各协同活动的具体运作流程
13	伙伴选择	（1）我们企业会优先考虑具有资源、业务以及地域互补性的合作伙伴
		（2）目标合理性、相关性以及目标沟通与传递有效性是我们企业选择合作伙伴时最在意的
		（3）我们对与有不良信用记录企业的合作持审慎态度，一般不会与其建立合作关系
		（4）我们的目标合作伙伴必须具备解决问题的态度，而不是第一时间规避损失，这对合作结果很重要

续表

编号	范畴	初始概念
14	合作信任	（1）我们企业会评估潜在合作伙伴在诚信、欺骗等方面的成本，例如对方的名誉、财务等指标，都是我们考虑是否信任的关键
		（2）我们企业只同具有较高信誉机制的行业协会、中介机构进行合作，同时也很信任它们。在过去有很多成功的合作案例，这些信誉良好的行业协会、中介机构确实能够为我们企业提供高效的沟通环境
		（3）我们企业通过一系列的合作项目，与省内诸多知名高校和科研院所建立了良好的沟通交流关系，降低合作的违约可能性，我们可以全身心地关注共同的目标，表现出更高的积极性
15	沟通交流	（1）融合效应的实现依赖于信息沟通机制的构建及其有效运转，不同信息应用不同的信息沟通渠道进行沟通，信息沟通方式的选择也应具有针对性和适用性
		（2）我们企业周期性以研究机构或高校为技术的提供方组建专项小组，解决两大产业融合效应提升过程中遇到的问题
		（3）省内的知名行业协会，经常以会议、展览等形式举办一些关于高质量生产、安全生产方面的交流活动，我们企业作为行业协会的主要成员，自然是经常出席。当然，我们企业在交流活动中也同其他企业建立了比较稳健的合作关系
16	关系结构	（1）我们企业同省内的知名高校、研究院所等研究性组织在建立合作关系之后，也很注重关系的维护，每年企业用于维护合作关系的经费支出比例也很大，同时也会选择通过接收高校的优质毕业生等加深合作关系
		（2）曾有一段时间，我们企业在新品研发活动中遇到技术缺口，企业内部的技术人员一直没能解决问题。后来，我们寻求了具备良好合作关系高校的相关专家，经过组会、交流、沟通，最终攻克了这个技术难题
		（3）长期发展以来，我们企业与省内多个组织建立了相对牢固的合作关系，包括高校、科研院所、中介等部门，经过长时间的项目合作，我们之间建立了深厚的信任
		（4）我们企业高层管理者、项目管理者与合作单位之间的沟通交流相对较多，他们也同这些合作单位的相关高层建立了深厚的合作、私人关系，这为我们之间开展合作关系提供了很大程度上的便利
		（5）我们企业同哈尔滨工业大学一直保持亲密的合作关系，哈工大也为我们企业提供了大量与融合创新相关的价值信息

续表

编号	范畴	初始概念
17	风险共担	（1）企业会定期更新风险管理数据库，健全风险识别机制并完善风险管理人员配置
		（2）风险投资、建立风险台账是企业常用的风险预警手段
18	利益共享	（1）利益分配的合理与否是合作关系能否持续下去的关键，利益分配模式需要根据具体情况适时进行调整
		（2）利益分配应向合作关系中的弱势参与者适度倾斜，利益的分配应与参与主体承担的风险相匹配
		（3）公平合理是利益分配的第一原则，利益分配的公平性是相对的，不可能实现绝对公平
		（4）至今，我们企业同相关合作单位间始终保持愉悦的合作关系，从未发生利益分配方面的分歧。项目合作过程中，双方大体上能够按照前期的约定，友好分配相关利益
19	核心价值	（1）企业定期审核内部资源，很清楚自身拥有哪些知识和技能。在与融合目标匹配下，清楚哪些知识和技能是必须的
		（2）伴随着市场环境的动荡和竞争环境的加剧，核心资源的获取、职能的转变以及市场异质性的培育，是我们企业在推进融合效应发展过程中面临的挑战
		（3）我们企业在识别出融合效应发展核心资源缺口之后，重点目标是形成一个立体、交互、关联的核心资源整合体
20	价值获取	（1）合作组织间互通经验，通过构建学习型组织、产业融合系统和能力资源共享数据库等获取融合效应发展的核心能力
		（2）通过企业专家团队挖掘"能力价值库"、专家短期工作、中介机构、购买等途径可以获取相应的能力缺口资源
		（3）企业通过人才引进、竞争企业价值吸引、顾客和经销商能力价值共享等能够寻求到所需新增能力资源
21	价值结构调整	（1）依据用户价值资源需求性能够实现最佳融合效应发展能力组合
		（2）充分考虑能力匹配的精度和速度可以避免融合效应附加值增值机遇的缺失和资源浪费

续表

编号	范畴	初始概念
21	价值结构调整	（3）关键合作组织间的能力资源共享模式轻松实现了能力资源的转移，减少了融合效应提升成本
		（4）伴随着物联网、自媒体等多元化信息原始数据库的发展，融合效应发展能力资源的高效匹配可以有效借助大数据和云计算等相关技术
		（5）我们企业在省内知名院校的知识、技术支撑下，通过资源整合、信息资源共享等领域的有效尝试，初步形成了产业融合平台构建能力
22	融合效应水平	（1）区域两大产业融合效应水平应保持一个恰当的程度
		（2）不仅要有效测度当前的融合效应水平，还应该预判融合效应水平的发展趋势，进而为探究两大产业融合效应现状分析提供基础，也为两大产业融合效应目标设置提供依据
23	效应方向评估	（1）考虑到各方主体容易在利益分配、权利分配等方面发生冲突，这种局面可能会导致融合效应提升的实际结果与我们的预期目标发生严重偏离
		（2）定期对融合效应提升过程中的各种状况进行实时检测是非常有必要的，它是修正融合效应提升进程的重要基础
24	融合效应影响因素	（1）区域装备制造业与生产性服务业融合效应提升过程伴随着新合作形式和新融合模式的出现，需要宽松的制度环境以及支持性的政策环境提供保障
		（2）相关融合方面的意识、文化可能会对公众的消费理念、消费习惯产生影响，也能够督促我们企业形成一定的生态责任意识，进而形成公众、企业一致的内生性责任
		（3）我们企业的产品属于技术密集型，这表明我们企业发展离不开相关的知识、技术支撑，这也是我们企业积极与相关科研机构、知名高校建立合作关系的初表
		（4）风险管理的组织体系、合作组织的合同章程、各类风险的防范措施、各种冲突的应对措施以及内部的风险管理制度等内生防范体系都是企业必须考虑的
		（5）风险防范的法律制度、市场规则、金融制度、社会制度、信誉体系的构建共同构成融合效应提升过程中的外生防范体系

编号	范畴	初始概念
25	反馈方式	（1）反馈信息收集的全面性与明确性直接决定合作组织间的沟通环境，影响融合效应提升质量
		（2）内外反馈信息传递的畅通性、内外反馈信息资源的共享性可以为融合效应提升创造完善的信息流
		（3）融合效应提升过程中必须重视信息资源的流通监管，创造自由、开放和互利的信息交流系统
		（4）我们企业非常重视反馈信息存储访问制度的完善性、信息系统的及时升级和完善以及信息系统建设实施效果
		（5）通过区域装备制造业与生产性服务业融合效应信息收集监测平台提取信息数据，采用反馈信息监测与分析制度、评价制度对数据进行计算，并最终确定反馈信息的状况
		（6）正负反馈在融合效应评价结果中均存在，但一般会强化有利于融合效应发展的正反馈，弱化负反馈，正负反馈的选择应根据反馈对象和主体的不同加以区别对待
26	优化控制	（1）企业的融合活动多以项目的形式展开，高层管理者作为项目负责人，主要负责融合战略与方向性，并根据融合要求对各部门成员进行协调
		（2）企业能够依托科研机构和高校得到融合初期的技术成果，并将这部分利益用于科技研发成本投入
		（3）企业坚持"专业的事情交给专业的人"的原则，在融合效应发展过程中积极寻求中介机构、咨询公司等协助，可以有效转移技术信息压力
27	激励约束	（1）合作组织管理机构应构建一套完善的管理制度，以保障组织合作的有效性，组织管理制度应具有一定的柔性，可以根据融合效应提升具体情况和环境适时进行调整
		（2）建立相应的法律法规来规范网络活动，并通过设立相应的网络信息管理机构，对网络信息资源优化分配，进行相关信息的选优排劣处理，并能将有效信息繁衍，进行信息再造
		（3）企业文化的开放性和包容性有利于在企业文化中注入融合文化基因，进而保障融合效应的形成与发展

附录3

关于"区域装备制造业与生产性服务业 融合效应提升驱动力因素"的调查问卷

尊敬的专家：

您好！非常感谢您对哈尔滨理工大学经济与管理学院的关注和支持！这是一份关于"区域装备制造业与生产性服务业融合效应提升驱动力因素"研究的匿名调查问卷，请依据您的实践经验和专业知识对以下问题进行作答，您的回答对我们关于"区域装备制造业与生产性服务业融合效应提升驱动力因素"的研究具有重要的意义。诚挚听取您的意见和建议，恳请您在百忙之中协助我们完成这次调查。同时向您承诺本次问卷结果仅用于学术研究，且均为匿名条件下进行。填写完成后，请您将问卷反馈至邮箱 3026347184@qq.com，再次感谢您的支持！

哈尔滨理工大学经济与管理学院

第一部分：个人及企业现状

请您在相应的选项上画"√"或用红色标注

1. 个人情况：

（1）您的职级：①中层管理者□；②高层管理者□。

（2）您的文化程度：①本科□；②硕士□；③博士□。

（3）您的行业内工龄：①6 年以内□；②6～10 年□；③10 年以上□。

2. 企业现状：

（1）贵企业名称是：

（2）贵企业成立时间是：

（3）贵企业所在地区是：

第二部分：问卷填写

尊敬的专家和领导，以下题项中从 1～5 分别代表您对该题项阐述内容的同意程度。1 代表不同意，2 代表比较不同意，3 代表不确定，4 代表比较同意，5 代表非常同意，请您根据客观事实进行选择。

题项	评价				
管理层具备较高的融合效应提升意识	1	2	3	4	5
管理层具备较高的融合效应提升的判断力与洞察力	1	2	3	4	5
企业能够及时准确获取和分析外界信息	1	2	3	4	5
管理层能够依据环境变化及时调整融合效应提升战略	1	2	3	4	5
企业会根据融合效应提升战略制定短期目标	1	2	3	4	5
企业能够很好把握自身参与融合效应提升发展的情况	1	2	3	4	5
企业清楚自身拥有哪些用于两大产业融合效应提升的知识和技能	1	2	3	4	5
企业清楚哪些知识和技能是两大产业融合效应提升所必需的	1	2	3	4	5
企业清楚已拥有和融合效应提升所需求资源之间的差距	1	2	3	4	5
企业知道应从何处获取两大产业融合效应提升所需要的资源	1	2	3	4	5
企业能够从多种渠道获取两大产业融合效应提升所需要的资源	1	2	3	4	5
企业能够剥离和两大产业融合效应提升无关的资源	1	2	3	4	5
企业中潜在的知识技能能够得到有效配置和利用	1	2	3	4	5
企业管理者重视和支持科技研发工作	1	2	3	4	5
企业具有持续且稳定的科研投入	1	2	3	4	5
企业具有较好的研发环境和研发条件	1	2	3	4	5
企业善于利用外界吸收的知识改进自身技术	1	2	3	4	5

续表

题项	评价				
企业的生产设备和生产线种类多样	1	2	3	4	5
企业具备灵活的生产配置计划管理	1	2	3	4	5
企业能够通过优化调度控制融合生产	1	2	3	4	5
企业能够有效监控融合产品故障率	1	2	3	4	5
企业重视树立良好的融合制造形象	1	2	3	4	5
企业管理者具有很好的融合责任意识	1	2	3	4	5
企业管理制度中能够体现出融合价值	1	2	3	4	5
政府对两大产业融合效应提升活动的政策扶持和资金支持	1	2	3	4	5
学研机构对两大产业融合效应提升活动的知识技术支持	1	2	3	4	5
行业协会对两大产业融合效应提升活动的服务协调	1	2	3	4	5
市场环境对两大产业融合效应提升活动的需求调节	1	2	3	4	5
中介机构对两大产业融合效应提升活动的服务支持	1	2	3	4	5
企业所面对的用户构成不断变化	1	2	3	4	5
用户对融合性产品的偏好不断变化	1	2	3	4	5
融合市场规模不断变化	1	2	3	4	5
融合技术变革速度很快	1	2	3	4	5
当网内合作组织需要帮助时会尽可能帮助	1	2	3	4	5
能否从网内合作组织处获得可靠信息和服务	1	2	3	4	5
与网内合作组织发生冲突时能积极解决沟通	1	2	3	4	5
与网内合作组织合作时有能力履行全部职责	1	2	3	4	5
网内合作组织总是做出专业决定和称职行为	1	2	3	4	5
网内与企业合作行动者数量高	1	2	3	4	5
企业可以选择传递自身有利的信息	1	2	3	4	5
网内合作组织可以通过企业进行合作	1	2	3	4	5
组织网络拥有与网络外组织的合作	1	2	3	4	5
组织网络拥有与网络外组织的交流	1	2	3	4	5
网络外部直接连接点占总连接的比例较大	1	2	3	4	5
网内合作组织间知识共享的相关性强	1	2	3	4	5

续表

题项	评价				
网内合作组织间知识共享的准确度高	1	2	3	4	5
网内合作组织间知识共享的完整性高	1	2	3	4	5
网内合作组织间知识共享的可靠性高	1	2	3	4	5
网内合作组织间有价值的资料越来越多	1	2	3	4	5
网内合作组织间融合创新成果数量越来越多	1	2	3	4	5
网内合作组织间能快速获取问题解决方案	1	2	3	4	5
网内合作组织间能多方面获取问题解决方案	1	2	3	4	5
网内同一问题能够获得不同解决方案	1	2	3	4	5
两大产业融合有助于改善产业结构	1	2	3	4	5
两大产业融合促进产业创新	1	2	3	4	5
两大产业融合强化价值链攀升	1	2	3	4	5
两大产业融合增强产业竞争力	1	2	3	4	5
两大产业融合促进区域经济发展	1	2	3	4	5
两大产业融合增强区域经济竞争性	1	2	3	4	5
两大产业融合改善消费结构并提升消费水平	1	2	3	4	5
两大产业融合改善就业结构并增加就业率	1	2	3	4	5
两大产业融合迎合绿色制造理念并优化生态环境	1	2	3	4	5

参 考 文 献

［1］任继球. 推动装备制造业高质量发展［J］. 宏观经济管理，2019（5）：24 - 29.

［2］吴婷，易明. 人才的资源匹配、技术效率与经济高质量发展［J］. 科学学研究，2019，37（11）：1955 - 1963.

［3］高文鞠，綦良群. 科技人才、全要素生产率与装备制造业高质量发展［J］. 中国科技论坛，2020（9）：84 - 95，124.

［4］王成东. 区域产业融合与产业研发效率提升——基于 SFA 和中国 30 省市的应用分析［J］. 中国软科学，2017（10）：94 - 103.

［5］王成东. 我国装备制造业与生产性服务业融合机理及保障策略研究［D］. 哈尔滨：哈尔滨理工大学，2014.

［6］SUN SUNNY - LI，CHEN HAO，PLEGGENKUHLE - MILES ERIN G. Moving upward in global value chains：The innovations of mobile phone developers in China［J］. Chinese Management Studies，2010，4（4）：305 - 321.

［7］王成东. 装备制造业与生产性服务业融合动因驱动强度测度研究——基于效率视角的实证分析［J］. 科技进步与对策，2015，32（3）：60 - 64.

［8］楚明钦. 中国生产性服务业与装备制造业融合——基于第三次工业革命的分析［J］. 现代管理科学，2016（1）：46 - 48.

［9］王成东，綦良群. 中国装备制造业与生产性服务业融合研究［J］. 学术交流，2015（3）：132 - 136.

［10］ ISENMANN R, PHAAL R. A convergence technology road mapping framework for open innovation in the automotive components industry ［J］. Asia – pacific Journal of Multimedia Services Convergent with Art, Humanities, and Sociology, 2017, 7 (2): 409 – 425.

［11］桂黄宝, 刘奇祥, 郝铖文. 河南省生产性服务业与装备制造业融合发展影响因素 ［J］. 科技管理研究, 2017 (11): 92 – 97.

［12］张维今, 王钰, 王淑梅. 我国装备制造业与生产性服务业融合效率及其差异收敛性研究 ［J］. 中国软科学, 2020 (8): 47 – 54.

［13］綦良群, 蔡渊渊, 王成东. 我国装备制造业与生产性服务业互动作用及效率评价研究 ［J］. 中国科技论坛, 2015 (1): 63 – 68.

［14］ HACKLIN F, WALLIN M W. Convergence and interdisciplinarity in innovation management: A review, critique, and future directions ［J］. Service Industries Journal, 2013, 33 (7 – 8): 774 – 788.

［15］ KIM N, LEE H, KIM W, et al. Dynamic patterns of industry convergence: Evidence from a large amount of unstructured data ［J］. Research Policy, 2015, 44 (9): 1734 – 1748.

［16］ MALHOTRA A, OSIYEVSKYY O. The changing value of firm resources during industry convergence: Market vs technical assets ［J］. Academy of Management Annual Meeting Proceedings, 2015 (1): 18599.

［17］ GEUM Y, KIM M S, LEE S. How industrial convergence happens: A taxonomical approach based on empirical evidences ［J］. Technological Forecasting & Social Change, 2016, 107: 112 – 120.

［18］段海燕, 赵瑞君, 佟昕. 现代装备制造业与服务业融合发展研究——基于"互联网 +"的视角 ［J］. 技术经济与管理研究, 2017 (1): 119 – 123.

［19］ GREENSTEIN S, KHANNA T. What does industry convergence mean? ［M］. US: The President Fellows of Harvard Press, 1997: 14 – 28.

［20］植草益．信息通讯业的产业融合［J］．中国工业经济，2001（2）：24 - 27．

［21］单元媛，赵玉林．国外产业融合若干理论问题研究进展［J］．经济评论，2012（5）：152 - 160．

［22］NIEDERGASSEL B，CURRAN S. What drives partners in industry - academia cooperation?［J］. International Journal of Technology Intelligence and Planning，2007，3（4）：332 - 339．

［23］HACKLIN F. Management of convergence in innovation strategies and capabilities for value creation beyond blurring industry boundaries［J］. Contribution to Management Science，2008，3（8）：72 - 93．

［24］HACKLIN F. RAURICH V，and MARXT C. Implications of technological convergence on innovation trajectories：The case of ICT industry［J］. International Journal of Innovation and Technology Management，2010，2（3）：314 - 328．

［25］李敏，张圣忠，吴群琪．物流产业融合主要影响因素的博弈分析［J］．经济与管理，2010，24（5）：23 - 27．

［26］肖叶飞，刘祥平．传媒产业融合的动因、路径与效应［J］．现代传播（中国传媒大学学报），2014，36（1）：68 - 71．

［27］李名亮．数字时代广告产业融合的效应与结局［J］．山西大学学报（哲学社会科学版），2017，40（5）：56 - 63．

［28］高智，鲁志国．产业融合对装备制造业创新效率的影响——基于装备制造业与高技术服务业融合发展的视角［J］．当代经济研究，2019（8）：71 - 81．

［29］ALFONSO GAMBARDELLA，SALVATORE TORRISI. Does technological convergence imply convergence in markets? Evidence from the electronics industry［J］. Research Policy，1998，36（7）：445 - 463．

［30］BANK R D，CHANG H，and MAJUMDAR S K. Economics of scope in the US telecommunications industry［J］. Information Economics and Policy, 1998, 10 (2): 253 – 272.

[31] 肖挺, 刘华. 中国服务业制造化的产业绩效分析 [J]. 软科学, 2013, 27 (8): 15 – 19.

[32] 田红彬. 产业融合的动因、效应和困境——以互联网 + 金融为例 [J]. 产业经济, 2018, 2 (2): 150 – 151.

[33] 高智, 鲁志国. 装备制造业与高技术服务业融合发展对提升全要素生产率的影响 [J]. 商业研究, 2019 (7): 42 – 49.

[34] 陈柳钦. 产业融合效应分析及我国的应对措施 [J]. 经济前沿, 2007, 5 (2): 17 – 21.

[35] 吴义杰. 产业融合理论与产业结构升级——以江苏信息产业转变发展方式为例 [J]. 江苏社会科学, 2010, 1 (4): 248 – 252.

[36] SANG CHEOL, YOUN – HEE. IT convergence with traditional industries and short – term research and development strategy in Korea [J]. Intelligent Automation & Soft Computing, 2014, 3 (7): 3 – 14.

[37] 赵珏, 张士引. 产业融合的效应、动因和难点分析——以中国推进"三网融合"为例 [J]. 宏观经济研究, 2015, 11 (3): 56 – 63.

[38] 陶长琪, 周旋. 产业融合下的产业结构优化升级效应分析——基于信息产业与制造业耦联的应用分析 [J]. 产业经济研究, 2015, 3 (1): 21 – 33.

[39] 陈才源, 常思. 基于产业融合的中国汽车零部件产业升级路径 [J]. 当代经济, 2015, 20 (6): 44 – 45.

[40] MUKIM. Coagglomeration of formal and informal industry: Evidence from India [J]. Journal of Economic Geography, 2015, 15 (2): 329 – 351.

[41] TIEN J M. Manufacturing and services: From mass production to mass customization [J]. Journal of Systems Science and Systems Engineering, 2011, 20 (2): 129 – 154.

［42］ESWARN M，KOTWAL A. The role of the service sector in the process of industrialization ［J］. Journal of Development Economics，2002，3 (2)：196 - 203.

［43］刘明宇，芮明杰，姚凯. 生产性服务价值链嵌入与制造业升级的协同演进关系研究 ［J］. 中国工业经济，2010，8 (8)：66 - 76.

［44］LEIPONEN A. The benefits of R&D and breadth in innovation strategies：A comparison of finish service and manufacturing firms ［J］. Industrial and Corporate Change，2012，21 (5)：1255 - 1281.

［45］周静. 生产性服务业与制造业互动的阶段性特征及其效应 ［J］. 产业经济，2014，11 (8)：45 - 54.

［46］刘洁. 中国生产性服务业与制造业融合发展的行业差异 ［J］. 中国科技论坛，2015，2 (12)：61 - 67.

［47］沈蕾，勒礼伟. 我国科技服务业与制造业技术融合对产业结构升级的影响 ［J］. 科技进步与对策，2015，4 (8)：67 - 81.

［48］尹洪涛. 生产性服务业与制造业融合的主要价值增值点 ［J］. 管理学报，2015，8 (12)：1204 - 1210.

［49］苏永伟. 生产性服务业与制造业融合水平测度研究——基于 2005 - 2018 年的省级面板数据 ［J］. 宏观经济研究，2020 (12)：98 - 108.

［50］RASIAH R，KONG X，VINANCHIARACHI. Moving up in the global value chain in button manufacturing in China ［J］. Asia Pacific Business Review，2011，17 (2)：161 - 174.

［51］HOFMANN C，ORR S. Advanced manufacturing technology adoption – the German experience ［J］. Technovation，2005，25 (7)：11 - 24.

［52］CHOWDARY B V. Information technology in the Caribbean manufacturing firms：An industrial survey ［J］. Global Journal of Flexible

Systems Management，2005，6（3 -4）：1 -10.

[53] 徐盈之，孙剑. 信息产业与制造业的融合——基于绩效分析的研究 [J]. 中国工业经济，2009，2（7）：56 -66.

[54] 单元媛，罗威. 产业融合对产业结构优化升级效应的应用分析——以电子信息业与制造业技术融合为例 [J]. 企业战略，2013，8（5）：49 -57.

[55] 汪芳，潘毛毛. 产业融合、绩效提升与制造业成长——基于 1998 -2011 年面板数据的实证 [J]. 科学学研究，2015，2（4）：530 -538.

[56] 张捷，陈田. 产业融合对制造业绩效影响的应用分析——制造业与服务业双向融合的视角 [J]. 产经评论，2016，3（2）：17 -26.

[57] 李晓忠，陈涵乐，张小蒂. 信息产业与制造业融合的绩效研究——基于浙江省的数据 [J]. 中国软科学，2017，1（5）：22 -31.

[58] GREMYR I，LOFBERG N，WITELL L. Service innovations in manufacturing firms [J]. Managing Service Quality：An International Journal，2010，20（2）：161 -175.

[59] SUN SUNNY LI，CHEN HAN. Moving upward in global value chains：The innovations of mobile phone developers in China [J]. Chinese Management Studies，2010，4（4）：305 -321.

[60] 綦良群，赵龙双. 基于产品价值链的生产性服务业与装备制造业的融合研究 [J]. 工业技术经济，2013，12（3）：118 -125.

[61] 綦良群，李庆雪. 装备制造业与生产性服务业互动融合发展研究 [J]. 学习与探索，2016，11（2）：99 -104.

[62] 惠利，丁新新. 我国装备制造业与生产性服务业的产融发展分析 [J]. 统计与决策，2019，35（11）：120 -124.

[63] 姜博，马胜利，唐晓华. 产业融合对中国装备制造业创新

效率的影响：结构嵌入的调节作用［J］．科技进步与对策，2019，36
（9）：77－86．

［64］YEOUL J，HYUNSOO，JEUNG S L．An analysis of manufac-
turing－service industry co-evolution：A spiral growth model［J］．Journal
of Service Science Research，2016，8（1）：57－72．

［65］牛竹梅，张咪．"互联网＋"装备制造业融合的绩效评
估——以山东省装备制造业系统发展为例［J］．系统科学学报，
2021，29（1）：107－112．

［66］王成东，李安琦，蔡渊渊．产业融合与产业全球价值链位
势攀升——基于中国高端装备制造业与生产性服务业融合的实证研究
［J］．软科学，2022，36（5）：9－14．

［67］MANI S．The mobile communications services industry in India：
Has it led to India becoming a manufacturing hub for telecommunication
equipment？［J］．Pacific Affairs，2012，85（3－4）：511－530．

［68］PAIOLA M，GEBANER H，EDVARDSSON B．Service busi-
ness development in small to medium sized equipment manufacturers［J］．
Journal of Business to Business Marking，2012，19（1）：33－66．

［69］刘洁，李雪源，陈海波．中国生产性服务业与制造业融合
发展的行业差异［J］．中国科技论坛，2015，2（2）：61－67．

［70］傅为忠，金敏，刘芳芳．工业4.0背景下我国高技术服务
业与装备制造业融合发展及效应评价研究［J］．工业技术经济，
2017，12（12）：90－99．

［71］刘朝阳．生产性服务业提升制造业效率的路径研究——
基于成本路径的中介效应检验［J］．社会科学战线，2017（9）：
241－245．

［72］侯兆麟．生产性服务业对重庆装备制造业升级的影响研究
［J］．经济论坛，2017，11（11）：28－32．

［73］孙韬，赵树宽，马强．装备制造业信息化管理实现途径研

究［J］. 现代情报, 2011, 31（4）: 145 – 147.

［74］GARCIA M, JUNQUEIRA F, MIYAGI P. Towards modular and coordinated manufacturing systems oriented to services ［J］. DYNA – Colombia, 2010, 77（163）: 201 – 210.

［75］ANDREJ J, ALEKSANDRA V, BRANIMIR I. Transformation of business entities from production to service company ［J］. Technologies Education Management – TTEM, 2011, 6（1）: 118 – 129.

［76］GEBAUER H, REN G J, VALAKOSKI. Service – driven manufacturing provision, evolution and financial impact of services in industrial firms ［J］. Journal of Service Management, 2012, 23（1）: 120 – 136.

［77］MATHIEU V. Service strategies within the manufacturing sector: Benefits, costs and partnership ［J］. International Journal of Service Industry Management, 2001, 12（5）: 451 – 475.

［78］VISNJIC KASTALLI, VAN LOOY. Servitization: Disentangling the impact of service business model innovation on manufacturing firm performance ［J］. Journal of Operations Management, 2013, 31（4）: 169 – 180.

［79］CAINELLI G, MAZZANTI M. Environmental innovations in service: Manufacturing-service integrations and policy transmission ［J］. Research Policy, 2013, 42（9）: 1595 – 1604.

［80］KIHO KWAK, WONJOON KIM. Effect of service integration strategy on industrial firm performance ［J］. Journal of Service Management, 2016, 27（3）: 391 – 430.

［81］王越, 黄艳颖, 刘琳琳. 产业技术创新联盟组织模式研究——以高端装备制造业为例 ［J］. 科技进步与对策, 2011, 28（24）: 70 – 73.

［82］Lin F J, Lin Y H. The determinants of successful R&D consortia: Government strategy for the servitization of manufacturing ［J］. Service Business，2012，6（4）：489 – 502.

［83］綦良群，李庆雪 . 装备制造业与生产性服务业融合动力研究［J］.湘潭大学学报（哲学社会科学版），2017，41（1）：80 – 84.

［84］GEBAUER H，EDVARDSSON B，GUSTAFSSON A. Match or mismatch：Strategy – structure configurations in the service business of manufacturing companies［J］. Journal of Service Research，2010，13（2）：198 – 215.

［85］张维今，李凯 . 装备制造业与生产性服务业融合水平测度及效率研究［J］. 中国软科学，2015，4（7）：379 – 388.

［86］黄赛，张艳辉 . 创意产业与制造业的融合发展——基于泛长三角区域投入产出表的比较研究［J］. 软科学，2015，29（12）：40 – 45.

［87］唐晓华，吴春蓉 . 生产性服务业与装备制造业互动融合的差异性研究［J］. 社会科学战线，2016，11（8）：58 – 66.

［88］高文鞠 . 全球价值链下我国装备制造产业升级路径及保障策略研究［D］. 哈尔滨：哈尔滨理工大学，2016.

［89］綦良群，王金石，崔月莹，高文鞠 . 中国装备制造业服务化水平测度——基于价值流动视角［J］. 科技进步与对策，2021，38（14）：72 – 81.

［90］綦良群，高文鞠 . 区域产业融合系统对装备制造业创新绩效的影响研究——吸收能力的调节效应［J］. 预测，2020，39（3）：1 – 9.

［91］綦良群，高文鞠 . 区域产业融合与装备制造业绩效提升［J］. 中国科技论坛，2019（10）：59 – 70.

［92］陈柳钦 . 产业发展的相互渗透：产业融合化［J］. 贵州财经大学学报，2006，24（3）：31 – 35.

［93］张豪，胡钟骏 . 优质制造与经济增长的理论与实证［J］. 技术经济与管理研究，2021（3）：119 – 122.

［94］张路娜，胡贝贝，王胜光．数字经济演进机理及特征研究［J］．科学学研究，2021，39（3）：406 – 414．

［95］TSUI A S. Contributing to global management knowledge：A case for high quality indigenous research［J］. Asia Pacific Journal of Management，2004，21（4）：491 – 513．

［96］赵红丹．临时团队内粘滞知识转移的动力因素——基于扎根理论的探索性研究［J］．科学学研究，2014，32（11）：1705 – 1712．

［97］王雪原，刘成龙，王亚男．基于扎根理论的制造企业服务化转型需求、行为与绩效结果［J］．中国科技论坛，2017，5（7）：64 – 71．

［98］FASSINGER RE. PARADIGMS，PRAXIS，Problems and promise：Grounded theory in counseling psychology research［J］. Journal of Counseling Psychology，2005，52（2）：156 – 166．

［99］徐建中，曲小瑜．基于扎根理论的装备制造企业环境技术创新行为驱动因素的质化研究［J］．管理评论，2014，26（10）：90 – 101．

［100］STRAUSS A，CORBIN J. Basics of qualitative research：Grounded theory procedures and techniques［J］. Modern Language Journal，1990，77（2）：129．

［101］石永林，王要武．建设可持续发展生态城市的研究［J］．中国软科学，2003，08：122 – 126．

［102］孙冰．企业技术创新动力研究［D］．哈尔滨：哈尔滨工程大学，2003．

［103］蓁良群，高文鞠．基于 Citespace 与 Rm – Dematel 的中国装备制造业升级影响因素研究［J］．科技与管理，2020，22（6）：31 – 38．

［104］吴伟伟，张天一．非研发补贴与研发补贴对新创企业创

新产出的非对称影响研究 [J]. 管理世界, 2021, 37 (3): 137 - 160.

[105] 吴伟伟, 刘业鑫, 于渤. 技术管理与技术能力匹配对产品创新的内在影响机制 [J]. 管理科学, 2017, 30 (2): 3 - 15.

[106] 裴玲玲. 科技人才集聚与高技术产业发展的互动关系 [J]. 科学学研究, 2018, 36 (5): 813 - 824.

[107] 罗瑾琏, 唐慧洁, 李树文, 等. 科创企业创新悖论及其应对效应研究 [J]. 管理世界, 2021, 37 (3): 8, 105 - 122.

[108] 马君, 闫嘉妮. 正面反馈的盛名综合症效应: 正向激励何以加剧绩效报酬对创造力的抑制? [J]. 管理世界, 2020, 36 (1): 105 - 121, 237.

[109] 郭树龙. 中间品进口与企业污染排放效应研究 [J]. 世界经济研究, 2019 (9): 67 - 77, 135.

[110] 徐振鑫, 莫长炜, 陈其林. 制造业服务化: 我国制造业升级的一个现实性选择 [J]. 经济学家, 2016 (9): 59 - 67.

[111] 王晓红, 张少鹏, 张奔. 创新型城市试点政策与城市产学研知识流动——基于长三角城市群的空间 DID 模型分析 [J]. 科学学研究, 2021, 39 (9): 1671 - 1682.

[112] KANG X, JIAN - KE G, ZENG - LIN H, et al. Analysis of the scientific and technological innovation efficiency and regional differences of the land - seaordination in China's coastal areas [J]. Ocean and Coastal Management, 2019, 172: 157 - 165.

[113] 姜铸, 李宁. 服务创新、制造业服务化对企业绩效的影响 [J]. 科研管理, 2015, 36 (5): 29 - 37.

[114] PETUKHOVA M, RUDOY E, SHELKOVNIKOV S. Mechanism of the state support of scientific and technological development of branch of crop production [J]. APK: Ekonomika, Upravlenie, 2018, 10: 8 - 16.

[115] 李庆雪. 区域装备制造业与生产性服务业互动融合运行

机制研究 [D]. 哈尔滨：哈尔滨理工大学，2018.

[116] 文东华，陈世敏，潘飞. 全面质量管理的业绩效应：一项结构方程模型研究 [J]. 管理科学学报，2014，17 (11)：79 – 96.

[117] 李婉红，毕克新，曹霞. 基于 IT 驱动的制造企业工艺创新动力源研究 [J]. 科研管理，2011，32 (12)：17 – 25.

[118] 高传胜，李善同. 中国生产者服务：内容、发展与结构——基于中国 1987 – 2002 年投入产出表的分析 [J]. 现代经济探讨，2007 (8)：68 – 72.

[119] DEDRICK J，KRAEMER K，LINDEN G. Who profits from innovation in global value chains? A study of the IPod and notebook PCs [J]. Industrial and Corporate Change，2010，19 (1)：81 – 116.

[120] Murphree M，Anderson，J A. Countering overseas power in global value chains：Information asymmetries and subcontracting in the plastics industry [J]. Journal of Internal Management，2018，24 (2)：123 – 136.

[121] 寿涌毅，宋淳江. 复杂产品系统研发项目合作伙伴选择优化 [J]. 科研管理，2014，35 (10)：144 – 149.

[122] STUART，TOBY E. Network positions and propensities to collaborate：An investigation of strategic alliance formation in a high-technology industry [J]. Administrative Science，1998，43 (4)：668.

[123] 王海军，冯军政，施慧斌. 开放式创新模式及伙伴资源动态优化机制研究 [J]. 科学学与科学技术管理，2015，36 (12)：62 – 69.

[124] 周玉泉，李垣. 组织学习、能力与创新方式选择关系研究 [J]. 科学学研究，2005 (4)：525 – 530.

[125] TORABI S A，GIAHI R，SAHEBJAMNIA N. An enhanced risk assessment framework for business continuity management systems [J]. Safety Science，2016，89：201 – 218.

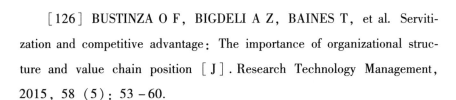

[126] BUSTINZA O F, BIGDELI A Z, BAINES T, et al. Servitization and competitive advantage: The importance of organizational structure and value chain position [J]. Research Technology Management, 2015, 58 (5): 53 –60.

[127] JULA P, LEACHMAN R C. A supply – chain optimization model of the allocation of containerized imports from Asia to the United States [J]. Transportation Research Part E, 2011, 47 (5): 609 –622.

[128] 陈祖胜, 叶江峰, 林明. 网络异位置企业联盟对低位置企业跃迁的效果: 合作伙伴网络位置与环境敌对性的调节作用 [J]. 管理评论, 2018, 30 (1): 136 –143.

[129] KANNEGIESSER M, GÜNTHER H O. An integrated optimization model for managing the global value chain of a chemical commodities manufacturer [J]. Journal of the Operational Research Society, 2011, 62 (4): 711 –721.

[130] FAREL R, YANNOU B. A method to design a value chain from scratch [C]. Icord: International Conference on Research into Design, 2013: 617 –628.

[131] SHABANI N, SOWLATI T. Evaluating the impact of uncertainty and variability on the value chain optimization of a forest biomass power plant using monte carlo simulation [J]. International Journal of Green Energy, 2015, 13 (7): 631 –641.

[132] ZOU C. The overseas business value chain optimization of CNPC's oil equipment manufacturing based on the perspective of the "One Belt and One Road" strategy [J]. International Petroleum Economics, 2016 (6): 93 –98.

[133] TANASE G C. The virtual value chain and experiential marketing [J]. Romanian Distribution Committee Magazine, 2016, 7 (4): 20 –23.

［134］尹超，张云，钟婷. 面向新产品开发的云制造服务资源组合优选模型［J］. 计算机集成制造系统，2012，18（7）：1368 – 1377.

［135］GODUSCHEIT R C，FAULLANT R. Paths toward radical service innovation in manufacturing companies：A service – dominant logic perspective［J］. Journal of Product Innovation Management，2018，35（5）：701 – 719.

［136］O'CASS A，WETZELS M. Contemporary issues and critical challenges on innovation in services［J］. Journal of Product Innovation Management，2018，35（5）：674 – 681.

［137］XUN X. From cloud computing to cloud manufacturing［J］. Robotics and Computer – Integrated Manufacturing，2012，28（1）：75 – 86.

［138］BRAX S A，VISINTIN F M. Meta – model of servitization：The integrative profiling approach［J］. Industrial Marketing Management，2017，60（1）：17 – 32.

［139］徐子尧. 公司型风险投资增加了新创企业的价值吗？［J］. 经济理论与经济管理，2016（4）：45 – 54.

［140］程艳霞，梁天宝. 科技创新与商业模式创新融合影响因素研究——以湖北省装备制造业为例［J］. 企业经济，2019，38（2）：73 – 79.

［141］綦良群，张昊，汤利蒙. 制造企业价值链整合效果影响因素研究［J］. 中国软科学，2017（8）：133 – 143.

［142］葛宝山，高洋，杜小民. 公司创业下的机会开发与战略管理耦合研究［J］. 科学学与科学技术管理，2013，34（2）：103 – 111.

［143］白云朴，惠宁. 企业自主创新成果产业化评价体系构建研究［J］. 社会科学研究，2013，35（1）：23 – 26.

［144］潘霞，鞠晓峰，陈军．基于因子分析的我国 29 个地区高新技术产业竞争力评价研究［J］．经济问题探索，2013，34（4）：65－69．

［145］陈鹏，逯元堂，程亮，等．环境保护投资的管理创新与绩效评价研究［J］．中国人口·资源与环境，2012，22（11）：127－130．

［146］庄亚明，穆荣平，李金生．高技术产业国际竞争实力测度方法研究［J］．科学学与科学技术管理，2008，29（3）：137－143．

［147］张亚明，李苗，刘海鸥．河北省软件产业竞争力评价应用分析［J］．中国科技论坛，2011，27（9）：98－103．

［148］马茹，张静，王宏伟．科技人才促进中国经济高质量发展了吗？——基于科技人才对全要素生产率增长效应的实证检验［J］．经济与管理研究，2019，40（5）：3－12．

［149］胡江峰，黄庆华，潘欣欣．环境规制、政府补贴与创新质量——基于中国碳排放交易试点的准自然实验［J］．科学学与科学技术管理，2020，41（2）：50－65．

［150］徐建中，吕希琛．基于动态集对分析模型的中国制造业低碳化发展测评研究［J］．科技管理研究，2015，35（5）：49－55．

［151］MOUHOUBI Z，ASSANI D. New perturbation bounds for denumerable Markov chains［J］. Linear Algebra and its Applications，2010，432（7）：1627－1649．

［152］肖静华，吴小龙，谢康，等．信息技术驱动中国制造转型升级——美的智能制造跨越式战略变革纵向案例研究［J］．管理世界，2021，37（3）：161－179，225，11．

［153］韩守庆，李诚固，张全．新时期长吉空间协调演变机制与功能趋向［J］．城市规划，2008（5）：20－24．

［154］李培楠，赵兰香，万劲波．创新要素对产业绩效的影

响——基于中国制造业和高技术产业数据的实证分析 [J]. 科学学研究, 2014, 32 (4): 604 - 612.

[155] BENEDETTO J B. Implications and interpretations of value-added trade balance [J]. Journal of International Commerce & Economics, 2012, 4 (2): 39 - 55.

[156] 杨浩昌, 李廉水. 协同创新对制造业经济绩效影响的实证研究 [J]. 中国科技论坛, 2018 (7): 81 - 87.

[157] 张立军, 陶璐. 多指标综合评价模型鲁棒性度量方法研究 [J]. 统计与信息论坛, 2011, 26 (5): 16 - 20.